THEATERBIBLIOTHEK

»Salzmann ist mit ihrem sensiblen Blick auf eine brutale Gegenwart und ihren biographischen Blicken zurück vielleicht *die* deutschsprachige Theaterautorin der Stunde.« (*Detlev Baur, Die Deutsche Bühne*) Ihr vierter Band in der Theaterbibliothek enthält drei Theaterstücke über die Radikalisierung in einer auseinanderbrechenden Welt:
In VERSTEHEN SIE DEN DSCHIHADISMUS IN ACHT SCHRITTEN prallen die Gegensätze in der gespaltenen westlichen Gesellschaft aufeinander: Auf der einen Seite die Satten, sich selbst fremd Gewordenen, auf der anderen Seite die wütenden Jungen, für die eine Radikalisierung eine zunehmend attraktive Option wird.
DIE ARISTOKRATEN ist eine Studie über die Verrohung am Ende der Zivilisation. Sascha und Schura, die eine gemeinsame Vergangenheit teilen, begegnen sich hoch über einer vom Krieg zerstörten Stadt. Unten ähneln die Menschen Ratten, oben liefern sich die beiden ein dekadentes, perverses und brutales Spiel aus Verletzungen, Selbstvorwürfen und Gewaltausbrüchen. Ihre Beziehung spiegelt ein globales gesellschaftliches Machtgefälle wider: Es muss jemand untergehen, damit jemand anderes oben bleibt.
In ICH, EIN ANFANG dient die Leerstelle der verschwundenen Mitbewohnerin Re als Baustelle der eigenen Identität. Die Frage danach, wer Re war, bedeutet auch: Wer war ich in ihrer Welt? Was ist ihr angetan worden, dass sie gegangen ist, und wo bin ich damals gewesen? Das Abgleichen von Erinnerungsfetzen führt zu einem Verschwimmen von Realitäten.

Bereits erschienen:
Weißbrotmusik/Satt (2011)
Muttersprache Mameloschn/Schwimmen lernen (2013)
Meteoriten. Drei Stücke (2016, enthält: *Hurenkinder Schusterjungen/Wir Zöpfe/Meteoriten*)

Sasha Marianna Salzmann

Aristokraten

Drei Stücke

VERLAG DER AUTOREN
Der Verlag der Autoren gehört den Autoren des Verlages

Bibliografische Information der Deutschen Nationalbibliothek
Die Deutsche Nationalbibliothek verzeichnet diese Publikation in der Deutschen Nationalbibliografie; detaillierte bibliografische Daten sind im Internet unter http://dnb.dnb.de abrufbar.

1. Auflage 2017

Verlag der Autoren GmbH & Co. KG
Taunusstraße 19, 60329 Frankfurt am Main
Telefon: 069 23 85 74-20, Fax: 069 24 27 76 44
E-Mail: theater@verlagderautoren.de
www.verlagderautoren.de

Satz: Maintypo, Reutlingen
Umschlag: Bayerl + Ost, Frankfurt am Main
Druck: betz-druck GmbH, Darmstadt

Printed in Germany
ISBN 978-3-88661-381-6

Inhalt

Verstehen Sie den Dschihadismus in acht Schritten!

(Zucken)

0. Ursachen für Wüsten sind fehlende Wärme, Überweidung oder Wassermangel

Ihre Narben sind deine
du gehst raus und du siehst
und niemand weiß
außer ihr
der Wüste

versuch sie zurückzudrängen
sie zu zerschlagen
sie grün zu bepflanzen
auf ihr Häuser zu pflanzen
auf ihr Menschen zu pflanzen

sie ist ein Tier
stellt ihre Sandkämme auf
schnaubt, ruft dich
du legst ab
alles ab
alles, was je
deine Erinnerung
deine Unwahrheiten
die Regeln
was man dich lehrte
du wirst nie wieder mit Messer und Gabel
nie wieder am Tisch
nie wieder mit Menschen, die hießen Mutter und Vater
mit Geschwistern, mit denen du nie
mit Menschen, die sagten, sie wüssten

in deinem Mund,
in all deinen Rissen
Staub

er ist grau und golden und lila,
er verbrennt dich
deine Fußsohlen auf
erhitztem, zermalmtem
Stein
die Wolken brechen
ziehen einen trockenen Film
über dich,
zungen dich
der du Sand wirst, eins wirst, endlich eins wirst
mehr als du du wirst,
dein Ursprung

keine Zeit,
nie wieder Zeit,
außerhalb von Zeit,
atmest du tief,
schnaubst, mit der Wüste
schlägst neue Wurzeln
und schleifst sie hinterher
atmest in sie hinein
sie sind schwer
atmest ein
die Wüste,
die dich trägt
wie Mutter,
die dich trägt
wie Freund
du fällst den Berg hinunter,
Stein zwischen deinen Lippen,
bedeckt deine Haut, vermummt dich, schützt dich,
welche Farbe deine Haut vorher hatte, ist unwichtig
jetzt ist sie Wüste

der Himmel
läuft hier zusammen

du auf ihn zu

1. Maßschneidern

Steh auf. Nein, nicht sofort, bereite dich darauf vor aufzustehen, mach die Augen auf, taste nach deinem Telefon, es ist zu deinen Füßen, du hast es mit Absicht so gelegt, dass du dich aufrichten musst, wenn der Weckton ertönt. Du lächelst darüber. Du lächelst über die blöde Idee, dir die Eingeweide quetschen zu müssen, um dich wieder zurück auf die Matratze fallen zu lassen, dich zu strecken, das Handy neben dich zu legen, auf das Display zu schauen, nicht zu verstehen, was die Ansage zeigt, sie sagt nämlich nichts Gutes.

Du hasst es, dass man den Standort sehen kann und das Wetter, du würdest viel lieber aus dem Fenster sehen und es wäre alles ganz anders, aber dein Handy ist dein Fenster und es scheint recht zu haben, du bist hier, genau wo du denkst, dass du bist, und draußen ist Februar. Genau der Monat zu viel. Der Monat, der einem das Genick bricht. Der, von dem man weiß, dass er kommt und der eine zu viel sein wird. Man muss ihn irgendwie überleben, dann hat das Jahr eine Chance. Es ist mieses Wetter, es wird mieses, kaltes Wetter sein, du wirst einen Pullover mehr einstecken. Du hast keine Lust auf Schichten, hast keine Lust schon wieder einen Pullover über das Hemd zu ziehen, das hast du schon den gesamten Januar gemacht. Und Dezember. Und November, genaugenommen schon seit August, also fuck you, Februar, heute wirst du Hose und Hemd anziehen und dir einen Schal

umbinden, den Cashmere-Schal, der warm ist, aber ganz dünn, den blauen, und wirst rausgehen, wie du bist. Und der Pullover bleibt in der Tasche, vielleicht schaffst du es so bis ins Büro.
Du hast dir gestern Abend Balmorhea auf dein Handy geladen, du fandst, es ist der perfekte Weckerklingelton, sanft, aber nicht esoterisch, fordernd, aber nicht aufregend. Diese Texaner-Band hast du seit Ewigkeiten nicht mehr gehört, aber gestern Abend bist du deine Mediathek durchgegangen, so lange, bis du dir sicher warst, du wirst traumlos schlafen, du wirst dich ins Bett legen und sofort weg sein. Kurz bevor dir die Augen auf deinem Sofa zufielen, hast du dir Dream of Thaw auf dein Handy geschickt. Jetzt weißt du nicht, ob es die richtige Entscheidung war, so einen netten Klingelton zum Wecken zu haben. Du drückst immer wieder auf Snooze.
Eine Hand stupst dich an, drückt dir in die Rippen, von unter der Decke blubbert es. Deine Frau sagt etwas. Du drehst dich um, du kannst deine Frau nicht sehen, blonde Haarspitzen lugen von irgendwo zwischen den Deckenfalten hervor, du kannst nicht verstehen, was sie murmelt, aber du weißt, sie hasst es, wenn du dein Telefon auf Snooze hast, sie hasst es, wenn das Telefon immer wieder klingelt, weil du immer weiter stellst. Auch darum hast du einen so netten Weckton gewählt. Du hast an sie gedacht. Du willst sie nicht stören.
Geh in die Küche, beiß in etwas rein, das hilft immer. Noch bevor du ganz wach bist, bevor du weißt, was du frühstücken möchtest, was du heute tun möchtest, was du tun musst, vor dem ganzen Wust an Dingen, die dich gesund ernähren lassen und dich kritisch sein lassen wegen der leichten Plauze über dem Gürtelrand, beiß in die Schwedische Waffel aus der Plastikverpackung auf dem Tisch, liegengeblieben von gestern oder dem Wo-

chenende. Damit du wach wirst. Zucker. Ist gut. Mach den Kühlschrank auf und wieder zu, auf und wieder zu, du musst noch nicht wissen, was du essen willst, wer du heute sein willst. Geh erst mal duschen. Wenn das Wasser kocht, während du unter der Dusche stehst, weckt es deine Frau auf, das Pfeifen, das wäre blöd, sie hat heute ihren freien Tag. So wie gestern. Sie hat jeden Tag frei. Nicht weil sie arbeitslos ist, weil sie frei ist. Freie Künstlerin. Freie Autorin. Sie ist jeden Tag beschäftigt. Sie ist jeden Tag frei zu sagen, wann sie wie beschäftigt ist, und wird böse, wenn man sich nicht nach ihren Vorstellungen von Freiheit und Beschäftigung richtet. Die Vorstellungen, wie sie am besten arbeiten kann, können täglich wechseln, die Überzeugung, dass sie ausreichend Schlaf braucht, ist konstant. Man darf sie nicht wecken.
Ab ins Badezimmer, der Vorleger ist nass, sie hatte die Duschwand nicht ganz zugezogen gestern Nacht, beim Duschen, bevor sie ins Bett kam. Es war spät, du hast schon geschlafen. Das Silikon am Rand ist schimmelig. Du denkst, sie sollte jemanden rufen, der das in Ordnung bringt, immerhin hat sie dafür Zeit, immerhin verbringt sie den Großteil ihrer beschäftigten Zeit in diesen Räumen. Du drehst das Wasser auf, das kalte, dann das warme, nimmst die Rasiercreme von dieser einen Marke, die in der Werbung versprochen hat, Frauen würden die Beine vor dir breitmachen, wenn du nur in den Raum reinkommst. Musst dich nur rasieren und in einen beliebigen Raum reingehen mit rasierten Frauen, und sie öffnen ihre Schenkel für dich und lachen. Du versuchst dich an diesen Werbespot zu erinnern, an die eine mit den braunen Locken, den gewölbten Lippen, im roten Kleid mit einem Ausschnitt bis zum Bauchnabel, du erinnerst dich an diesen Bauchnabel, denkst dich in diesen Bauchnabel hinein, legst den Rasierer wieder weg,

nimmst deinen Schwanz in die Hand. Als du fertig bist, nimmst du wieder den Rasierer in die Hand. Machst dich glatt.
Die Schlieren auf dem Duschwandglas machen dich fertig. Du denkst an Essig, du denkst an Dampfreiniger, du denkst an Klarspüler, du denkst an Fett und Dreck und wie viel davon menschliche Talgdrüsen wohl produzieren, drückst deine Stirn gegen das Glas, das du gerade fein säuberlich mit einem Edelstahlabzieher von Tropfen befreit hast, drückst alle Talgdrüsen, die du hast, gegen dieses Glas, das extra für dich geschnitten wurde. Maßanfertigung, alles im Bad. Und in der Küche. Die ganze Wohnung ist eine Maßanfertigung für dich. Und das Haus. Und der Block und der Park nebenan, alles für dich. Du willst dich nicht beschweren.
Auf dem Küchentisch dampft deine Tasse, es riecht nach Kaffee und Tee, feiner Earl Grey mit Bergamotte-Aroma, deine Frau mag keinen Kaffee, sie macht sich Earl Grey, jeden Morgen, jeden Morgen, den du sie siehst. Sie ist schlecht gelaunt, schaut auf ihr Handy, schaut runter, zuckt mit dem Daumen über das Display, schaut nicht hoch, als sie dir sagt, dass sie für dich Kaffee gemacht hat. Du glaubst, sie ist sauer, weil du sie geweckt hast, mit Balmorhea, oder vielleicht hast du nicht bemerkt, wie sie ins Bad gekommen ist und gesehen hat, wie du an den Bauchnabel einer anderen denkst.

Du sagst: »Danke.«

Du setzt dich neben sie, schielst zu ihr rüber auf das Display, darauf verwackelte Kamerabilder einer zerstörten Stadt. Alles ist mit Sand überzogen, als wäre die Stadt Wüste. Panzer fahren, Kinder in zerrissener Kleidung laufen auf die Kamera zu, vorne rechts steht ein

Mann in Jeans und Shirt und spricht in ein Mikrofon. Er wirkt besorgt, sein Gesicht ist angestrengt, er scheint Schnappatmung zu haben beim Sprechen, seine Augen sind gerötet, du fragst dich, ob es der Sand ist oder ob er weint. Es beeindruckt dich, du hast noch nie einen Journalisten weinen sehen während einer Berichterstattung, du willst wissen, was so schlimm ist, aber das Telefon ist auf stumm gestellt. Deine Frau schaut sich die Bilder an und trinkt Tee mit Bergamotte-Aroma, eine Nachricht kommt rein, und sie versteckt das Handy unter der Tischplatte. Schaut dich an.

Sie ist traurig. Sie scheint sehr, sehr traurig zu sein, ihre Augen sind ganz scharf gezeichnet, sie ist schon wach, trotz der frühen Stunde scheint sie schon alles durchdacht zu haben und zu dem Schluss gekommen zu sein, dass alles sehr traurig ist. Der Lauf der Welt. Sie hat ein wenig gelben, vertrockneten Schleim in den Augenwinkeln und schwarze Punkte vom Kajalstift, den sie nie sorgsam genug abschminkt, die Reste laufen ihr in die Tränenflüssigkeit und hinterlassen Klumpen unter der Netzhaut. Sie blinzelt. Hat sie auch geweint? Haben heute alle geweint außer dir? Bevor du fragst, was los ist, erzählt sie es dir: Das ist eine schlimme, ungerechte Welt und es tut ihr weh. Sie weiß nicht, ob sie heute schreiben kann, weil die Welt so ist wie sie ist, und was macht das alles überhaupt für einen Sinn, wem nützt ihr Schreiben etwas, den zerlumpten Kindern in der Wüste jedenfalls nicht. Und auch nicht ihren Müttern. Und nicht den Flüchtlingen, die kommen und nichts zu essen haben, die können sich mit ihrer Literatur den Arsch abwischen, und recht hätten sie damit, in den Flüchtlingslagern herrschen nämlich Verhältnisse, dass sie nicht mal Klopapier bekommen, sie müssen sich mit den Händen saubermachen, vielleicht spendet sie ihre Bücher lieber dorthin, nein, bringt sie persönlich vorbei zum Arschabwischen. Das ist Folter. Diese Menschen, sie sind zu Fuß hierher und werden in den Flüchtlingslagern gefoltert, in den Flüchtlingslagern nebenan, einmal über den Park gehen, dahinter sind die Anlagen, und du sitzt hier, in deiner zweihundertvierzig-Quadratmeter-Wohnung und trinkst deinen Kaffee, der gewonnen wurde in den Ländern, aus denen die Flüchtlinge mit blutigen Füßen durch die Wüste und in die Boote, die untergehen und sie nur noch als Tote zu uns kommen, als Theaterperformances und Berichte in Tageszeitungen. Und Recht hätten diese Menschen, wenn sie über den Westen, den bösen Westen, kommen und ihn zerfleischen, ihn überrollen, ihn kaputtmachen, aussaugen, vergewaltigen und nur noch brennende Wüsten zurücklassen und alle zu Sklaven machen, denn er hätte es nicht besser verdient.

Du schaust sie an. Sie trägt dein blaues Hugo-Boss-Hemd, das ihr viel zu groß ist. Sie trägt es als Hauskleid, als Kimono, darunter nur das Höschen, so schreibt sie am liebsten, am besten, sagt sie, in weiten Männerhemden und sonst ganz frei. Du fragst dich, welches Höschen sie heute trägt. Ihre blonden Strähnen fallen ihr ins Gesicht, ihre dünnen Finger versuchen sie hinter die Ohren zu klemmen, jetzt weint sie wirklich, du willst sie in den Arm nehmen, auf den Küchentisch legen, aber du weißt, das geht gerade nicht.

Du sagst ihr, dass es sicherlich gut wäre, über die schlimmen Verhältnisse in der Welt zu schreiben. Das bringt was. Das bringt sehr viel. Ihren Leserinnen und Lesern bringt es sehr viel, und dass sie eine wundervolle Autorin ist, und vielleicht gerade etwas zu melodramatisch, aber in einem ihrer Bücher würden sich diese Gedanken sicherlich gut machen.

Sie nennt dich einen Zyniker und springt vom Tisch auf. Zum Kühlschrank.

»Kannst du mir bitte die Butter geben? Kannst du mir bitte die Marmelade geben, nein, die hinten an der Rückwand, die muss mal enteist werden, ich habe nicht gesagt, du musst es tun, ich sagte, man müsste es mal tun, ich kann das machen, am Wochenende, kannst du, okay, ich hole sie mir selber, danke.«

Deine Frau flippt aus. Ob es dir egal ist. Ob dir alles egal ist. Wirklich alles. Ob das alles für dich keine Bedeutung hat. Ob du deinen Job, deinen scheiß Job, deinen hirnverfickten Warum-schämst-du-dich-nicht-dafür-Job machen kannst, weil dir sonst alles egal ist. Weil du taub bist und ein Zyniker, ein Monster, das diese Verbrechen an der Menschlichkeit überhaupt möglich macht. Du bist nämlich das Problem, du müsstest weg, der weiße, heterosexuelle Mann im Anzug, der aufstrebende weiße, heterosexuelle Mann im Anzug muss weg, muss fallen, muss sterben, und sie, seine Frau, mit dazu. Sie ist seine Hure, die von seinem Geld, seinem dreckigen Geld lebt, obwohl sie selber Geld verdient, aber eben nicht genug, um mit ihm mitzuhalten, sich also die Urlaube finanzieren lässt in Länder, in denen die Einheimischen mit Zäunen von den Gästen der Hotelanlage ferngehalten werden. So eine Hure ist sie, nichts anderes als eine Hure.

Du denkst, sie ist so hässlich, wenn sie weint. Von ihrer spitzen Nase breitet sich die Röte aus wie ein durchbrochener Schmetterling.

»Würdest du mich nicht vermissen?«
»Was?«

»Würdest du mich nicht vermissen?«
»Was meinst du mit vermissen?«
»Wenn ich weg wäre, wenn ich weg müsste, weil ich böse bin, weil ich das Problem bin, weil ich das Monster bin, das schuld ist an den Grauen dieser Welt. Würdest du mich vermissen, wenn ich weg bin?«

Sie stutzt. Der Schmetterling in ihrem Gesicht schlägt mit den Flügeln. Sie denkt nach, du siehst es in ihr arbeiten. Sie öffnet den Mund, schließt ihn wieder. Öffnet, schließt. Lässt die Arme hängen, winkelt sie wieder an, greift sich an den Kopf, fährt sich durch die Haare, geht auf dich zu, nimmt dein Gesicht in beide Hände, schaut dich an, dieser verschleimte Schmetterling, küsst dich, küsst dich auf den Mund, küsst dich auf die Wangen, setzt sich auf deine Knie, drückt ihren Po auf deinen Schoß, küsst dein Gesicht, küsst deinen Hals und weiter runter, murmelt etwas, was du nicht verstehst, weil ihre Hände über deine Ohren fahren, durch deine Haare, es macht so ein Rauschgeräusch, sie öffnet dein Hemd, küsst weiter, rutscht runter. Du hebst sie auf, setzt sie auf die Tischplatte, greifst nach ihren Rippen und deinem Hugo-Boss-Hemd, greifst nach ihren kleinen Brüsten irgendwo da unter dem blauen Stoff, sie fängt wieder an zu weinen und umklammert deine Schultern und weint und weint und weint so bitterlich in den Kragen deines Hemdes, dass du sicher bist, du wirst es wechseln müssen, weil es voll ist von ihren Kajalklumpen.

»Entschuldigung, Entschuldigung, Entschuldigung, Entschuldigung, ich weiß nicht, was ich sage, ich bin nur so scheiß traurig, verstehst du, ich wollte dich nicht verletzen, ich meine doch nicht dich, ich meine doch die anderen Arschlöcher da draußen, das sind all die da draußen, die nicht verstehen, die zulassen, die wegschauen, aber dich doch nicht, dich meine ich nicht, ich liebe dich, Gott, weißt du nicht, wie sehr ich dich liebe?«

Du lässt sie auf der Tischplatte sitzen und holst ihr ein Glas Wasser. Sie trinkt gierig und schaut dich über den Glasrand hinweg an. Mit diesen Augen. Rot.
Sie sagt, sie hat schlecht geschlafen. Sie weiß nicht mehr, was sie geträumt hat, aber es war schrecklich. Schrecklich anstrengend, sie hat das Gefühl, sie sei einen Marathon gelaufen. Ihr ganzer Körper ist davon wie zermalmt. Sie braucht Ruhe.
Sie hat Angst, dass sie heute nicht schreiben kann.
Sie hat Angst, dass sie darum die Abgabefrist nicht einhalten kann.
Sie hat Angst, dass sie dann ganz raus ist. Von da an eine, die es nicht schafft. Die versagt.
Sie fühlt sich wie eine Versagerin. Sie fühlt sich klein, wie ein ganz kleines Mädchen, das einfach nur gedrückt werden möchte, einfach nur im Bett liegen und nichts denken und umarmt werden, festgehalten. Dass man ihr das Gesicht streichelt wie einem Kind und ihr etwas vorsingt zum Einschlafen. Du sagst, das wirst du tun. Heute Abend. Du bleibst nicht lang.
»Und dann singst du mich in den Schlaf?«
»Und dann singe ich dich in den Schlaf.«
»Und streichelst mein Gesicht?«
»Und streichle dein Gesicht, bis du schläfst.«
Sie ist kurz davor, wieder loszuweinen, aber dieses Mal vor Freude, dann sagt sie:
»Ich finde, es wird Zeit, dass wir über Kinder sprechen.«
Du sagst:
»Ja.«

»Nein, ich meine wirklich, wir schieben das immer auf und ich weiß, ich mache es dir nicht leicht mit meinem Bohème-Leben, aber du sollst das wissen, ich habe mich für dich entschieden und ich meine es verdammt ernst mit dir.«
Du sagst:
»Ja.«
»Lass uns drüber reden.«
»Ja. Nicht jetzt.«
»Nein. Heute Abend.«
»Ja.«
»Sei bitte vorsichtig.«
»Was?«
»Sei bitte vorsichtig da draußen.«
»Ja.«
»Da draußen ist es nicht sicher.«
»Was meinst du?«
»Da draußen laufen Verrückte rum. Mit Äxten und Sprengstoffgürteln und Granaten und Kalaschnikows. Wenn dir etwas passiert, das überlebe ich nicht.«

Du schaust sie an. Sie ist alles, was du hast. Diese ein Meter zweiundsechzig auf dem Küchentisch. Ihre dünne, schimmernde Haut, ihre langen blonden Haare sind alles, was du je gewollt hast, sie ist deine Familie, du zerspringst fast vor Gefühlen für sie, die du nicht in Worte fassen kannst. Also sagst du:
»Mir passiert nichts.«
»Nein, natürlich passiert dir nichts, das weiß ich doch, aber verstehst du, alles kann passieren, immer, man weiß nie, und bitte, sei vorsichtig, du bist mein Leben, wenn dir etwas passiert, bin ich auch tot, verstehst du? Du musst mit deinem Leben so umgehen, als wäre es meins.«
»Was willst du damit sagen?«

»Es ist einfach nicht sicher da draußen.«
»Und was soll ich anders machen als vorher?«
»Nichts. Denk einfach nur dran.«
Du greifst nach deinem Jackett, gehst zur Tür.
»Warte!«
Du wartest.
»Drückst du mich noch mal?«
Du schaust sie an.
»Noch einmal, ein letztes.«
Du stellst deine Tasche ab, gehst mit schnellen Schritten zu dem Tisch, auf dem sie sitzt, du bist spät dran, gleich bist du spät dran, wenn das so weitergeht. Fängst schon mal an, gute Ausreden zu erfinden, warum du zu spät im Büro bist. Du drückst sie, klopfst mit der flachen rechten Hand auf ihr linkes Schulterblatt. Willst sie loslassen, sie hält dich weiter fest.
»Es ist nicht das letzte Mal«, sagst du.
»Man weiß nie«, sagt sie. »Denk dran.«

Und du denkst dran.
Du gehst raus und denkst, vielleicht solltest du dir einen Kaffee holen. To go. Du hast deinen nicht getrunken, der steht jetzt einsam auf dem Küchentisch, deine Frau wird ihn dort stehen lassen, in ihr Arbeitszimmer gehen und die Tür zumachen.
Du gehst in den Backshop an der Ecke, dort reden sie eine Sprache, die du nicht verstehst. Du willst sagen
»Salam aleikum! Friede sei mit euch!«
oder
»Eline sağlık! Gesundheit euren Händen!«
oder
»Khaghaghut'yun«
oder
»Dobro! Dobro!«

eine dieser Sprachen, die du nicht kennst, die du nicht kannst, aber gerne können würdest, dir wird klar, wie wenig du eigentlich kannst, in diesem Augenblick. Du sagst: »Einen Kaffee, bitte. Mit Milch und Zucker.«

Die Verkäuferin schaut dich nicht an, sie redet weiter mit dem älteren Mann, der rechts hinter ihr steht. Du siehst, sie hat deine Bitte verstanden, sie dreht sich zu der Kaffeemaschine. Der Mann scheint etwas verbrochen zu haben, er hat die Hände in die Hüften gestemmt und sie schimpft mit ihm, redet auf ihn ein in einer dieser Sprachen, die du nicht verstehst, aber deren Klang du toll findest. Sie dreht sich zu dir um, mit dem Pappbecher mit Kaffee, und du glaubst, sie sieht jemandem ähnlich. Wem sieht sie noch mal ähnlich? An wen erinnert sie dich mit den Locken und den Lippen und dem Blick?

Du verbrühst dich an dem Kaffee, die Schleimhaut der oberen Mundhöhle wird Blasen kriegen und abpellen, das weißt du jetzt schon. Du gehst runter zur U-Bahn. Es ist kalt. Du hast es gewusst und bist trotzdem in Hemd und Jackett raus. Den Schal hast du in der ganzen Aufregung vergessen. Du wirst dich erkälten. Du hast aber keine Zeit, krank zu sein, du wirst Medikamente nehmen müssen und krank weiterarbeiten. Die Studie, an der du seit einem halben Jahr sitzt, muss raus. Du hast Abgabedruck, und es ist nicht wie bei deiner Frau, dass es Spaß macht, bis zuletzt nicht zu wissen, ob man für etwas gut ist.

Der Bahnsteig ist voll. Natürlich.

Warum nimmst du auch die U-Bahn?

Du Idiot hast es doch gewusst. Oder nicht? Na doch, aber es ging nicht anders. Heute geht es nicht anders. Du kramst nach einem Taschentuch, legst es um den zu heißen Pappbecher herum, schaust auf die Uhrzeitanzeige, die seit drei Minuten drei Minuten verspricht. Du schaust dich um. Man sieht nichts, keine Gesichter, alle sind eingemummelt in ihre Es-ist-Februar-Anoraks, man sieht keine Beine, man sieht stoffbezogene Baumstämme, die sich in Richtung der Zeitanzeige beugen wie zur Sonne. Du drehst den Kopf hin und her, du bist der einzige Idiot ohne Schutzkleidung, der einzige ohne Daunen und Fell um dich herum, du fühlst dich nackt, du fühlst dich unwohl, du weißt, du hast keine Zeit zurück nachhause zu laufen und deine Jacke zu holen. Die Bahn kommt. Da erhaschst du einen Blick auf ein Gesicht. Ein einziges.

Die anderen sind unsichtbar, vermummt, leere Masken unter einer Schicht von Bekanntem. Hier ist ein Gesicht. Du siehst es ganz deutlich. Scharfe Züge, klare Linien, buschige Augenbrauen. Leuchtende Augen. Zielgerichtete, leuchtende Augen, ganz anders als bei den anderen. Er steigt in die Bahn. Du siehst seinen Rucksack. Du starrst auf den Rucksack, da ist etwas Schweres drin. Du starrst auf den Mann, er sieht nicht zur Anzeige wie alle, er schaut auf die Gleise, seine Lippen bewegen sich leicht, er scheint zu murmeln, vielleicht zu beten, vielleicht zu singen, vielleicht wiederholt er gerade irgendeinen Text, übt seine Ausrede, warum er zu spät zur Arbeit kommt. Was arbeitet er? Was ist seine Arbeit? Wer ist sein Chef? Vor wem hat er Angst?

Er hebt den Kopf, schaut sich um, du siehst ihn sich umschauen, sich die Menschen um ihn herum genau anschauen. Warum schaut er so genau hin? Schaut er abschätzig? Du kannst es nicht sagen. Schaut er böse? Nein, es sind einfach seine buschigen Augenbrauen. Du sagst dir, dass alles in Ordnung ist und du Urlaub brauchst. Irgendwohin, wo es warm ist. Du willst nicht krank sein. Du willst gesund sein. Und am Leben.

Eure Blicke treffen sich. Seine Augen sind tief. Du hältst seinem Blick nicht stand, als du wieder hinsiehst, hat er schon weggeschaut. Er hat die Daumen unter die Träger des Rucksacks geklemmt und spitzt die Lippen. Er scheint zu pfeifen, während er in die Bahn steigt.

Du überlegst, was du tun sollst. Atme. Alle steigen ein, der Mann mit den Augenbrauen und die anderen, alle. Du findest dich lächerlich. Du setzt einen Schritt in die Bahn, dann den nächsten und noch ein paar, du bist drin, du kriegst keinen Sitzplatz mehr, lehnst an dem Plexiglas der Abtrennungen, verdrehst den Kopf, der Mann mit dem Rucksack und den Augenbrauen und der Nase und den Lippen, diesem scharfgeschnittenen Gesicht, sitzt genau hinter dir. Sein Rucksack steht zwischen seinen beiden Schuhsohlen geklemmt. Ihr seid Rücken an Rücken. Lehnt aneinander. Du sagst dir, wie blöd du eigentlich bist. Wie in Ordnung alles ist. Wie schön deine Frau und wie erfolgreich, und du auch, du sogar noch mehr. Du trinkst deinen Kaffee, der jetzt schon kalt ist in deinem verbrannten Mund.

Du denkst an deine Wohnung, wie sehr du die Möbel liebst, vor allem das Mid-Century-Modern-Jacques-Charpentier-Real-Leather-Lounge-Sofa im Wohnzimmer, auf das ihr, du und deine Frau, fünf Wochen gewartet habt, bis es aus Marseille geliefert wurde. Du denkst an Marseille und dass du dort nie gewesen bist, aber vielleicht gerne hin würdest. Du denkst, Marseille würde dir und deiner Frau vielleicht nicht so stehen wie Paris. Dann denkst du an Kinder. Kinder würden euch bestimmt auch stehen.

Du denkst an die warme Haut deiner Frau auf dem kalten Leder des Sofas und merkst, dass du lächelst.

Auf diesem Sofa solltet ihr Kinder machen, du bist dir plötzlich ganz sicher.

Du denkst daran, dass du deine Mutter seit einer Weile nicht angerufen hast, und fragst dich, wie es ihr geht,

überlegst, sie jetzt anzurufen, jetzt in diesem Moment, dein Handy rauszuholen und sie anzurufen und ihr zu sagen, dass du sie liebst.
Du merkst, dass du gerade all die Dinge durchgehst, die du vermissen wirst.
Hinter dir bewegt sich etwas. Wie eine Raupe. Schlurfgeräusche. Das Geräusch von einem Rucksackreißverschluss. Oder nein, es sind Jacken, die geöffnet werden. Es ist heiß in der Bahn, du schwitzt.
Du willst dich nicht umdrehen und nach dem Mann sehen, der sich an dieselbe Plexiglasscheibe lehnt wie du, von der anderen Seite.
Du atmest tief durch, du trinkst deinen Kaffee, die Bahn schaukelt dich sanft von der einen Seite zur anderen.
Du bist verunsichert.
Wir können das sehen.

2. Wir

Du erwartest etwas,
du erwartest etwas von der Welt, und diese Erwartung ist ein Nerv, der zuckt.

Du hast eine Geschichte. Sie steht fest. In die vertraust du.
Du hast deine Pyramiden auf uns gebaut.
Wir sind der Grund deiner Geschichte.
Du hast Angst, aber nicht wirklich.
Weil du glaubst, wenn du die Polizei rufst, dann kommt sie und rettet dich,
und danach gibt es ein faires Verfahren, ein Gericht, Krankenhausaufenthalt, Entscheidungen, Entschädigungen sogar und die Ordnung ist wiederhergestellt.
Wenn einer mit Kalaschnikow im Kinosaal auftaucht.

Stell dir vor,
diese Anstrengung, die du unternimmst, um das klein bisschen Normalität zu bewahren, die du dir zusammenredest,
die du dir zusammenspinnst,
die dir versichert, wie die Welt funktioniert,
das war gar keine.
Die hat nie existiert,
Normalität ist nichts, was du je wiederherstellen wirst
ohne uns,
nicht ohne uns,
wir sind ein Teil deiner Normalität
du hast es schon vergessen
wir sind deine Erinnerung
dein Handyweckerklingelton.

Du stellst dir vor, wie ein Typ mit blutroten Augen und einem Turban, ja okay, ohne Turban, aber mit einem Sturmgewehr, in dieses Einkaufszentrum geht, wo du auch gerne bist, wo du dich gerne aufhältst, deine zweihundertfünfundzwanzigsten Markenschuhe anprobierst und danach deinen Cappuccino schlürfst, so weit, so berechenbar, weil selbst mit dem Typen rechnest du. Mittlerweile rechnest du mit dem Amoklauf zwischen Schuhekaufen und Cappuccino, rechnest damit, dass es Verletzte geben wird, Tote, ganz viele, aber nicht du, du wirst nicht verletzt werden, keinen einzigen Kratzer wirst du davontragen, das kannst du dir nicht denken.
Die blutigen Körper der anderen schon,
die du anglotzt, so wie du deine neuesten Markenschuhe angeglotzt hast, als der Typ mit dem Sturmgewehr reinkam,
und die kriechen blutig und keuchend in alle Richtungen,
und du stehst da, holst dein very smart phone raus und

rufst die Polizei, nein, bevor du die Polizei rufst, machst du ein Foto, nein, okay, danach, danach machst du ein Foto, ganz viele, Self-Iiiiiiiss, ein Video, das du postest, während du auf die Polizei wartest, auf deinen Freund und Helfer, der kommt und dich befreit und dich in deine Welt zurückbringt, die sichere Welt, denn in deiner Welt ist die Polizeiwache ein sicherer Ort, an dem man nett plaudern kann, und hinter Gitter kommen die, die es verdient haben. Die bösen Jungs und manchmal die Mädels. Du hast einen unerschütterlichen Glauben in deine Justiz. Du wirfst uns Fanatismus vor, aber deinen Glauben kann man ja nicht mal mit Sturmgewehren aus dir rauskratzen.
Deine Götter sind die Judikative, die Legislative, die Exexexexexexexexexexexexekukuckutive und natürlich die Memmemmemmeeemääābääähhdien,
sie zeigen dir, wie es geht,
wie Leben geht,
wie Aussehen geht,
wie Ficken geht,
wie Geldverdienen geht,
wie Angst geht,
und du kaufst es alles ein in einem riesengroßen virtuellen Einkaufswagen in deinem Kopf, füllst ihn bis zum Anschlag mit bei eBay ersteigerter Lebensfreude, und ein paar Markenschuhe kullern den Produktberg herunter auf den Boden, der voll ist mit blutigen Körpern, während du zu deinen Göttern per very smart phone Kontakt aufnimmst, und sie antworten dir, sprechen zu dir, reden auf dich ein, beschwichtigen, machen dir Versprechungen, und du glaubst ihnen,
alles,
während jemand anfängt an deiner Schuhsohle zu nagen, an deinem Hosenbein hochzukriechen,

es wird enger in deinem Schritt,
die Männer mit Gewehren in Einkaufshäusern,
die Männer mit Äxten in Zügen,
die Männer mit Rucksäcken in U-Bahnen,
die Männer mit Gucci-Sprengstoffgürteln bei deiner Mutter am Küchentisch, mit einem Stück Butterkuchen zwischen den Zähnen,
du stellst dir vor, wie sie deine Mutter ficken,
du stellst dir vor, wie sie dich ficken,
du weißt, es wird keinen Spaß machen,
greifst mit beiden Händen an deinen Po, suchst mit deinen Fingern dein Arschloch, dein digitales 3.0 geliftetes, gebleichtes Arschloch, und weißt, deine ganze Judenkative, Ex-hikutive, Längstnikotive
hat dich im Stich gelassen
mit uns
sie hat dich verlassen
und du bist ganz allein auf der Welt
mit uns
warum?
Warum wir das machen?
Warum machst du, was du machst?
Weil es Macht macht,
weil es was macht,
weil es etwas mit dir macht,
endlich auch mit dir
auch mit dir
etwas mit dir macht,
deine lächerlichen Versuche geliebt zu werden, wenn du Sozialpädagoge wirst oder Ärztin oder Anwalt, du tust so, als würdest du nicht verstehen,
du tust so, als müsste es andere Gründe dafür geben, dass wir tun, was wir tun,
denn es kann ja nicht sein, dass wir nicht so verschieden

sind, dass wir nach demselben suchen, nach demselben streben,
aber so unterschiedliche Schlüsse daraus ziehen.
Du denkst, es muss etwas anderes sein als das, was du und deinesgleichen und eure Kinder tun.
Die einen hängen als Schreibtischjunkies mit gelben Gesichtern in Büros, oder blass und verhungert auf einer Vernissage mit Champagnergläsern,
wir kriegen Sonne ab,
wir sind trainiert,
wir sind vorbereitet,
wir sind sexy,
wir vibrieren, guck uns doch an, du weißt, du willst so aussehen.
Deine Kinder gehen zur Schule, machen Abitur, Ausbildung und sind tot.
Wir gehen zur Schule, machen Abitur, Ausbildung und sind Helden.
Es geht um Macht, oder du sagst dazu: Liebe.
Du sagst
Fürsorge.
Am Ende deines Gedankens stehst immer DU
ganz oben
in der Nahrungskette, und du hast Recht,
du hast Macht
und es ist nichts anderes als das, was wir tun, und wir sind uns ähnlicher, als du glauben möchtest.
Du sagst: Jeder will geliebt werden.
Dafür erzählst du gewieft Witze, hast die richtige Kleidung an, riechst gut, gehst zur Maniküre, du fährst ein umweltfreundliches Auto und erzählst deinen Freunden und Freundinnen davon, wie du einmal im Monat in dieser Flüchtlingsunterkunft aushilfst. Was du da genau tust? Keine Ahnung, was halt so anfällt.

Und die fallen darauf rein, alle fallen darauf rein, auch du selbst fällst darauf rein.
Du erzählst deinen Freunden und Freundinnen von deinen guten Taten für die Welt, und lügst und übertreibst, aber findest es nicht schlimm, weil du weißt, jeder lügt und übertreibt. Und du sagst dazu:
Jeder will geliebt werden.

Wir übertreiben nicht. Wir machen, was wir machen, wir halten Wort, und das Internet und deine Memmemmemmeeemäääbäääähhdien können es beweisen.
Du versuchst uns zu verstehen, von schön weit weg, und befragst unsere Eltern, durchkämmst die Schulhöfe, durchsuchst die Gebetshäuser, beobachtest die Ämter, gräbst in der Fotze deiner Bundeskanzlerin.
Hör auf zu graben,
wir sind sichtbar,
wir verschwinden nicht,
wir sind die klebrige Masse in allen deinen Gazetten.
Von Seite zu Seite verschmiert.
Laber laber laber, immer dasselbe, seit Jahren, seit Jahrzehnten steht immer dasselbe drin, fällt dir das nicht auf?
Wir sind überall.
Die Zeitungen sind voll. Dein Kopf ist voll, deine Hose ist voll, du hast uns überall reingelassen, uns überall reingebeten und jetzt sitzen wir hier und schauen uns direkt in die Augen, nur dass du immer wieder wegguckst, aber trotzdem sitzen bleibst, und Zeitungen liest und Vorabendserien guckst und ins Theater gehst, um uns zu verstehen. Von weitem.

Wir werden nie arbeitslos sein. Wir werden immer gebraucht werden.

Wir sind wie du und du, haben Jobs wie du und haben Sex wie du.
Wir tanzen dir die gute Nachbarin und den netten Verkäufer.

Du glaubst, wir sind gebrochene Menschen, aber Brechen heißt, dass vorher etwas heil gewesen ist.
Das ist bei dir in deiner Welt so.
Da sind Menschen heil, oder zumindest glaubt man das, man glaubt, man kann sie heilen, wieder hinkriegen, Stühle zusammenrücken und miteinander reden, man ist doch zivilisiert!
Der Fortschritt deiner Zivilisation ist Zeit
für Verhaltenstherapien und Familienaufstellung.
Die haben wir nicht, diese Zeit.
Manchmal können wir nicht aus dem Bett steigen, weil wir nicht wissen, ob unter unseren Füßen ein Grund sein wird, auf den wir treten können.
Mitleid? Kannst du dir in dein 3.0 geliftetes, geschändetes Arschloch schieben. Du kannst hier nicht mit-leiden.
Du bist nicht eingeladen auf diese Party der Unterbemittelten, du bist nicht eingeladen.
Dein Mitleid ist ein Leiden um dich, um dein Unverständnis, weil du immer alles verstehen musst, analysieren musst, besprechen musst, an dich heranlassen musst, um so richtig nachzufühlen.

Du hast die Zügel längst abgegeben, aber das warme Fleisch unter dir bewegt sich nach wie vor, in geschmeidigen Bewegungen, diese Stute unter dir, die du gewohnt bist zu reiten, du hast schon lange keine Ahnung mehr, wohin sie dich bringt, aber die Bewegungen fühlen sich so vertraut an, dass du keinen weiteren Gedanken darauf verschwenden willst, keine Zeit.

Du musst zu deiner Therapiestunde.
Also lässt du dich reiten und schaust hoch, findest keinen Gott da oben, findest nur Sterne, leere Steinbrocken, Millionen von Lichtjahren entfernt, und sie beeindrucken dich,
du bist ganz eingenommen,
während du getragen wirst und nicht runterschaust. Du schaust hoch und du lächelst und hast Angst runterzuschauen,
und Recht hast du damit,
du sollst nicht runterschauen und Mitleid empfinden, denn wir haben Dinge gesehen, die hältst du für Spezialeffekte, die hältst du für Krieg der Sterne, wir wissen, was die Welt sein kann und darum können wir sie auch verändern, während du noch den Kopf verdrehst nach leeren Steinen.
Wir haben unterschiedlich fühlen gelernt. Das kann nicht gut enden.
Wir wissen, dass wir sterben müssen, während du es nur vermutest.
Du ahnst, was Sterben bedeutet, weil man dich mal fast angefahren hätte, nicht wirklich, aber verdammt nah dran, und du kriegst diesen Schock nicht mehr aus deinen Knochen?
Du kennst die Angst, dieses existenzielle Gefühl, weil du auf dem Markt in einem Dritteweltland verloren gegangen bist, und eiternde Bettler dir ins Gesicht gepackt haben?
Du hast dich im Geiste schon mal von deinen Liebsten verabschiedet, weil dein Flugzeug auf dem Weg nach Hause so gewackelt hat?
Du wusstest, dass du sterben wirst, weil du Liebeskummer hattest, und es tat so weh, als würde alles zu Ende gehen?

Nicht schlimm, um dich abzulenken, um dich zu beruhigen, um dich einzupegeln, dich zu e-man-zi-pieren,
gehst du zur Therapie,
wo du darüber sprichst.
Und danach gehst du nachhause, setzt dich vor deinen Rechner,
und dein Suchprogramm
sucht dir das passende Collier aus zu dem Kleid, das du letzte Woche gekauft hast,
und berechnet, welche Partner am besten zu dir passen in diesem Outfit
und welche Freunde du nicht mehr haben solltest, wenn du dich so zeigst,
verletzlich und schön.
Und du kaufst das ein, du schluckst das runter, du ölst deinen Magen mit hohlen Erfolgstipps und Verhaltensregeln und kippst so viel Schmerztabletten und
Alkohol obendrauf, bis du endlich tanzen gehen kannst und uns alle vergessen,
diese unrasierten,
ungepflegten,
unzivilisierten,
gebrochenen Vögel, die das Pech hatten, in andere Umstände reingeboren worden zu sein als du.
Doch irgendwann ist das ölige Gefühl dieser Versprechen weggetanzt,
rausgeschwitzt,
so gegen 4 Uhr morgens,
und diese ganze Wut und Verzweiflung landet mit voller Wucht in deinem Magen,
frisst sich durch deine Schleimhaut
und haut dich um,
du gibst auf,
kapitulierst,

fällst ins Koma wegen einer Überdosis falscher Hoffnungen in ein falsches System.

Wir, wir leben nicht in Metaphern.
Wir leben nicht in deiner Abstraktion.
Wir haben eine ganz konkrete Erfahrung von Hier und jetzt kannst du sterben.
Durch Willkür oder weil wir es selber bestimmt haben.
Wir wissen, diese Chance, dieser Auftritt, den haben wir nur einmal. Also sorgen wir dafür, dass wir gut aussehen, wenn deine Memmemmedien kommen.

Viele von uns
würden dort, wo sie sind,
gerne so leben
wie du bei dir zuhause leidest.
Aber das geht nicht.
So ist es nicht bestimmt
und unsere Erfahrungen sind nicht kompatibel.

Du hast keine Ahnung von der Kraft leerer Räume.
Du weißt nicht, wie schön es ist, nichts mehr zu besitzen.
Wir haben nichts, nicht mal unsere Waffen sind unsere, wenn die Organisation es für richtig hält, nimmt sie uns die Waffen weg.
Leichter kann man nicht sein.

Dich stabilisieren die Dinge in deiner Wohnung,
in deinen Cafés, die Gegenstände auf den Tischen, an den Wänden, an den Decken,
sie bilden Vierecke um dich herum, sie bilden Rahmen,
du hältst dich fest an den Balken, die immer näher kommen, und verstehst nicht:

Nichts hält dich mehr als Leere.
Nur das Nichts umarmt dich ganz.
Aber du willst so viel.
Du willst einen vollen Einkaufsbrustkorb
und die Colliers
und die Freunde
und die Jobs
und geliebt werden
geliebt werden
geliebt werden
du willst das Grauen des Krieges auf deinem very smart phone,
du willst den Staub der Wüste in hoher Auflösung,
du willst uns leiden sehen und deinen Kopf schütteln,
du willst Theaterstücke, die deine Fragen beantworten,
die an deine Realität rankommen,
du glaubst, du kannst sie dir abholen
für ein paar Euro in deinen sicheren Räumen sitzen und alles verstehen,
ein bisschen grausam, aber vor allem wahr.
Dort,
dort kommen wir besonders groß raus.
Und sympathisch.
Du fühlst mit uns mit,
das ist es, was du willst.
Empathie ist deine große Errungenschaft, und an ihr wirst du gerichtet werden.

Wir möchten, dass du das Theater verlässt und in dein Schlafzimmer gehst
Geh dahin!
Hol das Gewehr von unter deinem Bett hervor,
schau es dir an,
hör auf so zu tun, als ob du nichts empfindest.

Das ist keine Ich-habe-Kondome-für-alle-Fälle-immer-dabei-Operette,
dieses Gewehr hier ist das einzige, was dich schützen kann,
stütz dich auf den Lauf und humpel zu deiner Frau
in dem Zehntausend-Euro-Ledersessel aus Frankreich,
in dem sie Rousseau liest oder Kant oder Cunt oder Žižek,
schau durch das Objektiv auf das einstige Objekt deiner Begierde
und lächele ihr zu,
sag ihr, alles wird gut,
versprich ihr, sie zu beschützen,
knips das Licht aus,
knips ihr das Licht aus,
besser du schaltest ihr das Licht aus,
bevor wir kommen,
knips ihr und dir das Licht aus mit dem Lauf des Gewehrs, mit dem Feuer in deinen Händen, aus aus aus,
noch ist es in deinen Händen,
da fließt Blut.

Erzähl nicht, es gibt kein Gut und Böse,
du wirst etwas anderes sagen, wenn wir vor dir stehen,
auch du denkst in Richtig und Falsch
und würdest uns vernichten, wenn du könntest,
aber lässt es andere für dich erledigen, während du auf dein very smart phone schaust und deine Gebote auf eBay checkst
und deine Posts in Sozialen Netzwerken
und E-Mails schreibst: Konnte diesen Monat leider nicht
in der Flüchtlingsunterkunft vorbeikommen, keine Zeit,
aber bald mal wieder
und nebenbei checkst du Nachrichten

und siehst uns
und siehst uns
und siehst uns
wir grinsen dir zu
zwinkern dir zu
und deine Vorhaut zieht sich wie eine Schlinge um deinen Hals, du kriegst keine Luft mehr, kriegst Pipi in die Augen und stammelst von Diversität
Komplexität
Promiskuität
Dialektik
Konsens
Dissens
Zinseszins
und die unerträgliche Leichtigkeit der Selbstfindung in Foren, die Gefühlszustände in Farbspektren einordnen: Steck dir heute einen orangenen Stein in die rechte Hosentasche und spaziere damit durch den Tag!

Du glaubst, dein Ich ist das Zentrum des Universums,
die Achse des Guten,
der erste Buchstabe im Alphabet,
wenn man dir diese Achse nimmt,
die Wirbelsäule aus dem Alphabet schneidet,
hast du endlich die ganz große existenzielle Erfahrung, nach der du so lange auf deinen Gangbangpartys gesucht hast.

Du sagst,
Gesellschaft ist, wenn es immer weitergeht,
wir sagen, es hört hier auf.
Es ist nicht der Stillstand, die Stunde Null der Nazi-Enkel-Träume,
das hier ist der konsequente Ausstieg.

Uns hat es schon immer gegeben,
unter dir, über dir, wir sind du, wir waren in deinen Kolonien, in deinen Fremdenlegionen, in deinen Kriegen hast du uns Helden genannt.

Wir sind immer mehrere.
Unsere Biografien sind eins, und viele Körper tragen eine Geschichte.
Wir sind die erste Generation der Auferstehung eines Mythos, der älter ist als die Welt.
Bauen unsere eigenen Pyramiden.

3. Werwolf

– Das ist ein schöner Song
– Danke (Smiley)
– Ja. Wirklich schön
– Gefällt dir?
– Ja. Sehr
– (Smiley)
– Er zeigt viel
– Viel?
– Von dir
– Ich weiß nicht. Ich mag den Text
– Übersetz. Bitte
– Verstehst du nicht?
– Nein
– Ach komm
– Nein
– Google Translate? (Smiley)
– Übersetz. Bitte du. Sei nicht so schüchtern
– Ha! Du verstehst doch!
– Was?

– Den Text. Er fängt so an. Sei nicht so schüchtern
– Und weiter?
– Sei nicht so schüchtern/Atme ein/Schalt deinen Kopf ab/Schließe deine Augen/Mach dir keine Sorgen
– Ah
– Ja
– Das ist gut
– Ja, finde ich auch
– Weiter?
– Lege dich einfach hin/Drehe dich zu mir/Spürst du – na ja und so weiter
– Was na ja und so weiter?
– Na ja und so weiter halt (Smiley)
– Das würde ich gerne tun
– Was?
– Mich hinlegen. Ich würde mich gerne hinlegen und den Kopf abschalten
– (Smiley)
– Ich würde so viel drum geben, dass er mal ausgeht. Wenn ich meine Augen schließe, sehe ich Bilder. Als würde ich zocken. Ist besser mit Augen offen
– Kannst du nicht schlafen
– Nein. Nie
– Nie! (Smiley)
– Ich habe Schlafstörungen. Seit Jahren
– Oh (Smiley)
– Ja
– Und was passiert dann mit dir?
– Ich werde zum Werwolf
– Haha
– Schlechte Träume. Dann wache ich auf
– Tut es weh?
– Manchmal
– Das Nichtschlafen

– Genau
– Du ruhst dich nie aus
– Im Gebet. Das hilft
– Hast du niemanden, bei dem du dich ausruhen kannst?
– Könnte ich es bei dir?
– Weiß ich nicht. Du könntest es versuchen
– Und was würden wir dann tun?
– Kopf aus
– Und so weiter?
– Ja, das auch (Smiley)
– Kann ich dich um etwas bitten?
– Klar
– Nicht falsch verstehen
– Was
– Keine Emoticons. Smileys und so, das regt mich auf
– Oh entschuldige. Jetzt hätte ich wieder eins geschickt
– Menschen gewöhnen sich zu sehr daran, ihre Gefühle in dummen gelben Kreisen auszudrücken. Sie sagen nicht, was sie sagen wollen, oder sie reden Scheiße und dann ist es wieder okay, weil ein debiles Gesicht dahinter hängt
– Findest du mein Gesicht debil?
– Ich finde Smileys debil
  Sorry. Wollte nicht so aggressiv rüberkommen
– Du hast Recht
– Willst du mir den Song weiter übersetzen?
– Ich glaube nicht
– Warum?
– Gilt das auch für Blumen?
– Was für Blumen?
– Wenn ich dir eine Blume schicken will?
– Schick es mir in Worten. Sag mir etwas, dass ich das Gefühl habe, du hast mir Blumen geschickt
– Das ist schwer

– Streng dich an
– Mach mal. Wie geht das?
– Ich habe dich weder aus Angst vor deinem Feuer angebetet, noch aus Verlangen nach deinem Paradies, eher habe ich dich angebetet, weil du die Anbetungswürdige bist
– Wow
Also
Ja. Okay
Ich versuch's

* * *

– Bist du da?
– Immer
– Hallo
– Hi
– Alles gut?
– Klar, bei dir?
– Ja
– Ja?
– Nein
– Was ist los?
– Der Song, den du mir geschickt hast, der ist so wunderschön. Ich wache auf und habe den Song. Ich wache jeden Morgen auf und habe schon was von dir. Du bist schon da, wenn ich die Augen aufmache. Ich kann mir nicht mehr vorstellen, ohne das aufzuwachen
– Ich bin da
– Kannst du mir den Text übersetzen?
– Was ist mit dir?
– Ich kann die Sprache nicht. Ich kann unsere Sprache nicht. Ich weiß, ich müsste sie können, stattdessen kann ich diese Faschistensprache. Besatzersprache. Was anderes hat mir keiner beigebracht

– Du kannst sie lernen
– Ich fühle mich wie eine Versagerin
– Ist es das, was dich belastet?
– Ich weiß nicht, wer ich bin
– Was meinst du damit?
– Ich habe nichts mit dem hier zu tun. Mit nichts und niemandem. Wenn ich irgendwem in der Schule erzählen würde, was meine Mutter sagt, die würden mich für bescheuert erklären, die würden nie wieder ein Wort mit mir sprechen, die würden sagen, wussten wir doch, dass so eine wie du
– Was sagt deine Mutter?
– Egal, die soll sterben
Nein, entschuldige, ich weiß, das darf man nicht sagen, jetzt hältst du mich auch für bescheuert. Siehst du
– Ich halte dich nicht für bescheuert
– Aber respektlos
– Was hat deine Mutter gesagt, das dich so verletzt hat?
– Egal. Übersetzt du mir jetzt den Song?

* * *

– Wie findest du Messer?
– Messer?
– Ja, Messer
– Küchenmesser? Klappmesser? Schweizer Messer? Multitools, Macheten, Sägen, Butterfly?
– Du kennst dich ja voll aus. Was mit Klinge
– Wofür, zum Brotschneiden?
– Haha
– Was meinst du
– Heute scheint hier Sonne
– Schön

– Geht es dir gut
– Viel zu tun
– Kannst du schlafen?
– Nein. Aber dann denke ich an dich, um mich zu beruhigen
– Hilft das?
– Ja. Natürlich hilft das
– Ich
– Ja?
– Jetzt wollte ich was sagen, nein, vergiss es
– Ich sehe, wenn du schreibst und wieder löschst
– (Smiley)
– Sag, was du sagen wolltest
– Ach nichts, manchmal denke ich, es wäre gut, wenn du da wärst
– Ich vermisse dich auch
– Oh (Smiley)
– Bitte keine Emoticons
– Sorry. Aber ich werde rot
– Ist doch, was du sagen wolltest, oder? Dass du mich vermisst. Dann sag das doch
– Das ist nicht so einfach
– Warum nicht
– Weil (löscht wieder, tippt neu ...)
Ich habe heute alle scharfen Messer aus der Küche genommen, sie in meinen Rucksack getan und bin damit zur Schule
– Warum?
– Warum nicht?
– Wolltest du was damit?
– Wollte wissen, was passiert
– Und was ist passiert?
– Nichts
– Warum hast du das gemacht?

– Ich habe sie niemandem gezeigt oder so, ich glaube, keiner hat es mitgekriegt, außer meiner Mutter halt. Als ich nachhause kam, war sie so voll verheult und hat rumgeschrien und mir ins Gesicht geschlagen. Die Kuh
– Hast du dich bei ihr entschuldigt?
– Warum sollte ich?
– Sie hat sich Sorgen gemacht
– Jetzt fängst du auch schon an
– Liebst du sie?
– Wen, die Messer?
– Das ist nicht lustig
– Sie ist meine Mutter. Manchmal steigt so ein Gefühl in mir auf
– Was für ein Gefühl?
– KA
– Was für ein Gefühl?
– Ich weiß nicht, was man dazu sagt
– Ekel
– Vielleicht
– Was noch?
– Ich hasse sie alle so
– Alle oder deine Mutter?
– Weiß nicht
– Weil sie dich schlägt
– Sie wäscht sich nicht. Sie stinkt
  Im Ernst. Seit mein Vater weg ist, hat sie aufgehört sich zu waschen. Das ist eklig, ich will nicht, dass sie mir zu nah kommt
  Sie kommt mir zu nah. Sie hat keine Ahnung von meinem Leben
– Das ist kein Gespräch für WhatsApp
– Dann komm hierher
  Komm. Warum kommst du nicht?
  Dann komme ich zu dir

– Das geht nicht
– Warum nicht
– Noch nicht, es ist zu früh
– Ich kann nicht mehr
Willst du nicht?
– Sag so etwas nicht
– Willst du mich nicht sehen?
Hast du Angst, dass ich hässlich bin? Gar nicht wie auf meinen Fotos? Hässlich und fett und stinke wie meine Mutter?
– Warum sagst du so etwas
– Augenrollender Smiley, verärgerter Smiley, Zähne zeigender Smiley, sarkastischer Teufel Smiley, trauriger Smiley, Raketenexplosionen, Bombenexplosionen
Hallo? Bist du da?
Ich kann sehen, dass du online bist
Sag doch was
– Ich weiß nicht, ob du herkommen solltest. Das hier ist eine ernste Sache
– Ich weiß, ich meine es ernst
– Menschen, die es ernst meinen, benehmen sich nicht so
– Benutzen keine Smileys
– Wir warten noch ein paar Jahre, du bist sehr jung
– Wie bitte???
– Wir haben keine Eile. Das Ende ist offen
– Ein paar Jahre?? Willst du mich verarschen?
Ist das dein verfickter Ernst, du willst mich ein paar Jahre in dieser Scheiße hier sitzen lassen?
Ich kann sehen, dass du online bist. Ich sehe, dass du meine Nachrichten liest
Machst du jetzt stumm? Machst du einen auf meine Mutter?

* * *

– Ich hasse Fußball
– Ich auch
– Länderspiel, allein das Wort
– Was ist damit?
– Es ist so dumm
– Länder Spiel. Ja, du hast Recht
– Bei euch ist bestimmt warm
– Ja
– Sehr warm?
– Sehr
– So dass du zerfließt, so dass du nicht mehr auf die Straße gehen kannst?
– Ja
– Wie schön
– Man kann um die Mittagszeit nicht auf die Straße. Man zerfällt zu Staub
– Ich liebe Hitze
– Ist es nicht warm bei dir, ist doch Sommer?
– Es ist nie warm hier, in diesem scheiß Land ist es nie warm. Es gibt hier auch keine Sonne. Die Birne, die sie über meinem Kopf anschalten, die können sie sich in den Arsch schieben und anschalten. Sie nennen das Sonne, aber sie wärmt nicht, sie gibt kein Licht, das Licht ist betrunken
– Schön gesagt
– Fuck you
– Ist dir kalt?
– Ja
– Ich nehme dich in meine Arme
– Stimmt nicht, tust du nicht
– Doch. Spürst du das nicht? Mach die Augen zu
– Kann ich dich was fragen?
– Ja
– Das gefällt mir

– Dass du mich was fragen kannst?
– Dass du nie sagst, kommt drauf an oder irgendwas. Du sagst immer Ja oder Nein
– Ja
– Genau
– Also?
– Findest du mich schön?
– Ja
– Aber du kennst mich doch nicht
– Wahre Schönheit kommt von innen
– Oh nein
– Was oh nein
– Du denkst, ich bin hässlich
– Nein
– Doch, wenn man sagt, wahre Schönheit kommt von innen, will man sagen, du bist so hässlich, dass ich nicht in deine Fresse nicht schauen kann, also schaue ich in dich rein
– Ich kann dich nur von innen sehen, ich kenne dich noch nicht von außen
– Aber mein Profilbild
– Das ist sehr schön
– Ich bin darauf geschminkt. Sehr stark
– Es wirkt anmutig
– Was?
– Du strahlst, deine Augen
– Ich sag doch, ich bin hässlich
– Das ist nicht gut, dass du nicht weißt, wie schön du bist. Du musst das wertschätzen, was dir gegeben wurde. Manche Menschen würden Tonnen von Make-up essen, um ihr Inneres schöner zu machen, aber das geht nicht. Verstehst du
– Wie soll ich ohne Smileys sagen, dass ich jetzt lache?
– Das, was du bist, kann man nicht schminken. Nicht

überschminken und nicht abschminken. Du bist perfekt, so wie Gott dich geschaffen hat, und ich will dich nicht anders

* * *

– Meine Mutter glaubt, ich habe was damit zu tun, dass sie das Fußballspiel abgesagt haben. Sie hat bei der Polizei angerufen und mich gemeldet
– Warum macht sie so was?
– Sie hat Angst vor mir
– Dann kontrollieren sie ab jetzt dein Telefon
– Glaube ich nicht, die kommen gar nicht hinterher. In diesem Land rufen ständig irgendwelche Leute bei der Polizei an und melden ihre Kinder. Wenn man seine Kinder hasst, meldet man sie. Wie in der Nazizeit. Alle Menschen hassen ihre Kinder. Warum machen sie dann welche?
– Was hat die Polizei gemacht?
– Na nichts, mich verhört
– Wie war das?
– Lustig. Sie denken, ich bin ein Totalpsycho. Ich habe mir Mühe gegeben, dass sie das denken
– Haben sie dir was getan?
– Nö
– Seelisch
– Nö
– Was haben sie gefragt?
– Keine Ahnung, ich habe nicht zugehört, ich habe auf jede Frage »Gott ist groß« geantwortet
– Haben sie gefragt, ob du eine Bombe legen wolltest?
– Die haben keinen Humor, die Leute
– Und dann?
– Erzählst du mir einen Witz?

– Einen Witz
– Etwas Lustiges
– Bist du traurig?
– Nein
– Bist du traurig?
– Wie sagt man, dass man weint, ohne Emoticons
– Man sagt, dass man weint
Weinst du?
– Nein, ich weine nie
– Wolltest es einfach wissen
– Genau
– Ich habe was für dich, warte, ich muss es raussuchen
– Ok
– *(zitiert die zweite Strophe aus »Wahre Liebe« von Curse)*
– Danke
Jetzt heule ich wirklich. Ist das von dir?
– Nein. Ich habe es dir kopiert, der Song hilft mir manchmal
– Wie heißt er?
– Wahre Liebe
– Schön
– Ja
– Hast du noch mehr
– Ja. Ich habe ganz viel

* * *

Bist du da? Ich sehe doch, dass du da bist. Hallo?

* * *

Das kannst du nicht tun. Du kannst mich nicht einfach löschen.

Das kannst du nicht machen, du Missgeburt, du Arschloch, hast du mich blockiert?
Hast du dein Handy weggeschmissen? Hast du jetzt einen anderen Namen?
Scheiß auf dich, glaubst du, ich brauche dich?
Glaubst du, es war meine Schuld? Scheiße, es ist doch nicht meine Schuld, wenn die Fotze mich abholen kommt. Ich bin fünfzehn, Mann, natürlich kriegt sie mit, wenn ich ausreise. Scheiße. Ich dachte halt, ich bin schneller. Warst du am Flughafen und bist abgehauen, als du gesehen hast, dass sie mich abführen? Bist du abgehauen? Elender Verräter.
Du Feigling, wolltest nicht für mich einstehen wie ein Mann
Oder war ich dir zu hässlich? Bin ich dir zu fett?
Ich weiß, ich bin eine Enttäuschung. Für euch alle. Ihr alle. Ihr.
Von wegen Werwolf. Warte nur, bis ich dich kriege.
Ich zerteile dich mit meinen eigenen Händen, ich zerfleische dich, ich werde dich einholen, in deinen Träumen, ich verfluche dich. Wenn du die Augen zumachst, wirst du nur mich sehen und ich steche auf dich ein
Jetzt bin ich wieder hier und es ist verfickt kalt. Scheiße, es ist so kalt, ich könnte kotzen vor Kälte, mir fällt die Nase ab, ich spüre meine Füße nicht, in der Wohnung stinkt es. Nach Lebkuchen. Wir feiern Weihnachten. Ich kann es nicht erwarten. Ich zünde den beschissenen Weihnachtsbaum an. Ich zünde ihr die Bude an. Ich zünde ihr die Haare auf dem Kopf an, der einzige Grund, warum ich sie nicht anzünde ist, dass es danach so stinken wird. Bäh.
Und du bist nicht da.
Du bist nicht da. Wo bist du? Hast du eine Neue, sag mal? Oder mehrere, hast du jetzt mehrere? Redest du jetzt in

dem Augenblick mit fünf anderen gleichzeitig, denen du Songtexte schickst? Schickst du ihnen Songs, die ich dir geschickt habe?
Es sind meine, verdammt.
Und du gehörst mir.
Und ich dir. Verstehst du das nicht?
Ich liebe dich. Habe ich das schon jemals so zu dir gesagt? Guck, ich benutze auch keine Smileys.
Kannst du dich melden, bitte? Bitte? Jetzt? Ich mache meine Augen zu und stelle mir vor, wie du mich umarmst, ich mache meine Augen zu und da ist eine Nachricht von dir auf meinem Handy.
Wie kannst du mir das antun, wie kannst du mir das Herz rausreißen, bin ich dir wirklich egal jetzt? Oder ist es, weil du Schiss hast? Oder weil ich versagt habe? Oder weil ich hässlich bin? Ist es das?
Mein Herz ist ein blutiger Fleischklumpen und die Welt ist der Grill.
Ich gebe nicht auf.
Ich gebe dich nicht auf. Und die Welt auch nicht. Ich kann noch was tun, ich weiß das.
Ich werde für dich kämpfen. Und für uns.
Du wirst stolz auf mich sein.
Ich habe diesen Kodex hier gefunden, und weil du kein Englisch kannst
you little fuck
das verstehst du schon, oder, das kann niemand nicht verstehen
der gilt für uns alle. Das ist ein Blutskodex
Wir sind doch vom selben Blut. Ist dir das egal?

Die Ratte von einem von uns ist die Ratte von uns allen. Früher oder später werden die Ratten das verstehen, besser früher. Man muss ihnen dabei helfen!

Der Leader sucht diejenigen aus, die für die Unseren sprechen. In der Einigkeit liegt die Kraft!
Kinder schlecht behandeln ist gegen den Kodex!
Scheiße bauen in der Schule ist gegen den Kodex!
Ausspionieren ist gegen den Kodex. Komm immer mit dem Kopf hoch oben!
Die Missgeburten in Blau haben uns nichts zu sagen. Passt auf euch selber auf!
Vorsicht mit Schwangeren, wenn ihr einem Baby schadet, ist das Genozid!
Schaden an Kindern wird nicht vergeben!
Respektiert unsere Schwestern. Respektiert unsere Brüder!
Keine Schießereien auf Partys!
Kennt den Kodex. Er ist für alle!

Das ist schön, oder? Ich finde schon.

Heute ist übrigens ein guter Tag. Nicht dass du denkst, mir geht es nicht gut. Mir geht es gut. Sehr gut. Auch wenn ich dich vermisse. Guck, ich kann es sagen. Ohne Emoticons. Ich. Vermisse. Dich. Das hast du mir beigebracht.
Du hast mir so viel beigebracht. Das hast du jetzt davon.

Es ist ein guter Tag. Die Sonne scheint. Ich gehe gleich spazieren.
Ich würde dich gerne mitnehmen auf meinen Spaziergang, so wie früher, als ich dich überallhin mitnehmen konnte. Ich hatte das Gefühl, du bist immer da. Immer bei mir, ich habe dir die Unterführungen gezeigt und den Park, und selbst wenn ich dir nicht geschrieben habe, wenn ich durch die Stadt lief, habe ich im Kopf mit dir geredet, und ich weiß, es ist bei dir angekommen. Ich weiß, du hast es bekommen. Ich weiß, du bekommst meine Nachrichten.

You little fuck. Ich weiß, du kannst mich hören. Glaubst du, du kannst mich abschalten? Kannst du nicht, wie hast du dir das gedacht, dass das gehen soll?

Dass ich meine Gefühle in Worten ausdrücke, das willst du nicht, glaub mir.

Glaubst du, du kannst wegsehen? Von der kleinen Fetten? Ich bin vielleicht hässlich, aber nicht dumm. Ich packe meinen Rucksack und gehe zum Bahnhof. Ich packe meinen Rucksack und nehme alle Messer, die ich finden kann.
Du kannst nicht wegsehen. Kannst du nicht. All eyes on me.
Es ist ein guter Tag. Die Sonne scheint. Wärmt zwar nicht, aber scheiß drauf.
Übrigens.
Sie haben mich gestern freigegeben. Sie haben gestern bestätigt, dass ich keine Gefahr bin. Und jetzt gehe ich spazieren. In der Sonne.

4. Wind

Ich stehe am Bahnhof und warte auf Rüzgar, den Wind. Er sagte, sein Name bedeutet Wind, gleich am Anfang hat er das gesagt. Als wir uns nach der Erstis-Vorlesung an dem Snickersautomaten trafen. Er wollte ein Snickers, ich wollte ein Snickers, es war mir peinlich, weil ich dachte, niemand isst mehr Snickers, aber ich hatte so einen Hunger drauf. Snickers, das ist meine Kindheit, alles woran ich mich erinnere, was gut war. Im Heim haben wir das Essen unserer Mütter unter den Tisch gekippt und uns dafür an der Tanke Snickers reingezogen.

Und wenn die Mütter sahen, was für eine Schweinerei wir im Essraum veranstaltet hatten, grinsten wir mit karamellverschmierten Lippen, pulten die Erdnussreste mit der Zunge aus den Zähnen und sagten: »Du kannst nicht kochen. Ich verhungere lieber, als dass ich deinen Scheiß esse.«

Warum Rüzgar Snickers mag, hat er nicht gesagt. Ich habe nicht gefragt. Er ist nicht im Heim aufgewachsen, er ist von hier. Er ist nicht einer dieser Loser, die sonst nicht wissen, was sie essen sollen. Vielleicht mag er einfach Snickers. Das ist alles.

Er stand schon am Automaten, als ich kam, und guckte mich an. Er hat Augen so groß wie Teller, und Lippen wie Autoreifen. Er gab mir die Hand und sagte:

»Rüzgar. Das bedeutet: der Wind.«

»Pawlik.«

»Pawlik. Was bedeutet das?«

»Einfach Pawlik. Ist Russisch.«

»Verstehe«, sagte Rüzgar und guckte wieder zum Automaten.

»Unsere Namen bedeuten einen Dreck«, schob ich hinterher. Er entpackte sein Snickers, schob es in den Mund und sagte: »Ist das nicht ein Zitat aus einem Film?«

Ab da waren wir Freunde.

Wir saßen zusammen in Anatomie, wir schwänzten zusammen Physik und rauchten Pott vor der Uni unter der Statue eines Besserwissers auf einem Pferd.

»Willst du wirklich Medizin studieren? Bis zum Schluss?« fragte ich Rüzgar, als wir mal auf dem Sofa in seinem Zimmer abhingen. Seine Mutter klapperte mit dem Geschirr in der Küche. In der Wohnung hörte man alles und es stank. Es stank nach Gewürzen und Fett, wahrscheinlich trug Rüzgar deswegen immer so viel Parfüm, damit man das Essen seiner Mutter nicht an ihm riechen konnte.

Immer wenn ich von Rüzgar nachhause kam, roch ich nach Fett und seinem Parfüm und mein Vater fragte: »Na, warst du wieder bei den Affen?«
»Ich will wirklich Medizin studieren«, sagte Rüzgar. »Ich bin der einzige Mann in der Familie, ich muss für sie sorgen. Außerdem ist es ein guter Beruf. Ich habe Lust drauf. Alten und Kindern zu helfen. Du nicht?«
Die Autoreifenlippen drehten sich in seinem Gesicht.
»Mich hat keiner gefragt«, sagte ich. »Meine Mutter hat gesagt, ich werde Arzt. Also werde ich Arzt. Außerdem macht man 200.000 im Jahr. Mindestens. Da habe ich Lust drauf.«
Er kam näher, fasste mir ans Knie und sagte etwas. Ich weiß nicht mehr was. Ich weiß nur, wie er mir ans Knie gefasst hat.
Dann kam seine Mutter rein und stellte uns schwarzen Tee auf den Tisch.
Sie gab mir diesen Blick, ich dachte, »was habe ich gemacht? Was habe ich schon wieder gemacht?« Die Frau hasste mich, ich wusste nicht warum. Aber es überraschte mich nicht.

Ich stehe am Bahnhof und warte auf Rüzgar, wir wollten nach Schuhen gucken und danach für Chemie pauken. Das hieß, abhängen. Es war ein neues Spiel auf dem Markt, und ich wollte die ganze Nacht bei Rüzgar durchzocken. Zuhause würde meine Mutter ausflippen. Die würde reinkommen und mir Beruhigungspillen in den Mund schieben, damit ich endlich schlafengehe. Sie sagt, ich bin so aggressiv, kein Wunder, dass ich nicht schlafen kann. Aber ich kann schlafen. Bei Rüzgar kann ich schlafen, weil mir da keiner auf den Sack geht. Ich liege bei ihm auf dem Sofa, zocke und ersticke in seiner Parfümwolke wie in Schlafgas.

Rüzgar ist zu spät. Immer ist er zu spät. Ich hasse das. Pünktlichkeit ist die Tugend der Könige, sagt man bei uns, aber Rüzgar hat davon keine Ahnung. Bei ihm ist das normal, zu spät zu kommen. Das ist seine Natur. Er sagt dann nicht mal Entschuldigung. Aber er lacht so, dass ich nichts sage. Was soll ich sagen?

Statt Rüzgar kommt Oleg und schlägt mir zur Begrüßung auf den Hinterkopf.

»Was ist los, was machst du hier, willst du mit?«

»Ne«, sage ich. »Ich warte hier.«

»Hör auf mit dem Quatsch, ich muss dir was zeigen.«

»Nein.«

»Heute Abend. Du musst kommen.«

»Ich hab schon was vor.«

Ich will ihn wegschubsen, aber er tanzt um mich herum, hält sich wohl für Klitschko.

»Hast du jetzt endlich eine Schnalle? Borja hat gesagt, er hat dich neulich mit so einer Fotze gesehen, die hatte einen ganz geilen Arsch. Wie heißt denn die Kleine?«

Ich sage nichts.

»Na komm schon, kenn ich sie? Sollte ich sie kennen? Willst du uns nicht vorstellen? Gibt es Geheimnisse zwischen uns?«

»Sie ist die Tochter von 'ner Freundin von meiner Ma, die kann ich nicht anfassen.«

»Aber ich vielleicht, gibst du mir ihre Nummer?«

»Habe ich nicht.«

»Ach, komm schon.«

Er tänzelt immer noch um mich herum.

»Auf wen wartest du denn?«

»Auf Rüzgar.«

»Deinen Schlitzäugigen?«

»Er hat keine Schlitzaugen. Seine Augen sind rund.«

»Ooooh, verstehe!«

Oleg zieht das O so lang, dass es weh tut.
»So ist das also. Ты что, педик?«[1]
Ich schlage wieder nach ihm, diesmal treffe ich und er stolpert zurück. Er fällt nicht, ballt die Fäuste, geht auf mich zu, Nase an Nase, schaut mich an und sagt:
»Ты урод щас меня выведеш.«[2]
Ich atme durch den Mund und versuche nicht zu blinzeln.
»Ты и твой черножопый педераст. Мы вас заебаем, понял?«[3]
Ich atme. Ich will mich nicht schlagen. Ich will nicht verlieren, Oleg geht vier Mal die Woche ins Fitnessstudio. Ich nicht.
Er packt mit der Hand meinen Nacken, drückt zu, redet durch die Zähne.
»Heute Abend bei Misha. Wenn du nicht kommst, weiß ich Bescheid.«
Ich will lachen, weil er so guckt, der hält sich wirklich für Klitschko, aber ich lache nicht. Er lässt mich los und verschwindet. Mein Nacken ist feucht von seiner Hand.
Ich gehe zum Kiosk und kaufe mir ein Snickers. Zwei. Setze mich auf den Boden am Bahnhofseingang und pfeife mir die Schokoriegel rein, alle beide. Ein Bulle kommt vorbei und sagt: »Entweder aufstehen oder mitkommen.«
Ich sage nichts. Ich bewege mich nicht. Ich kaue.
»Papiere, bitte.«
Ich will ihm Erdnüsse und Karamell auf die Schuhe spucken, stehe auf, merke wie schwer mein Kopf ist. Wie eine Abrissbirne. Wenn ich ihm jetzt einen Kopfstoß

---

1 Bist du 'ne Schwuchtel?

2 Du Missgeburt bringst mich auf die Palme.

3 Du und deine schlitzäugige Schwuchtel, wir ficken euch beide, hast du mich verstanden?

verpasse, ist der weg. Zersplittert in tausend Teile. Während er meinen Ausweis knetet, überlege ich, wie ich ihn aufschlitze. Ihm seinen eigenen Knüppel so tief reinschiebe, dass er aus seinem Mund wieder rauskommt.
Zu seinem Glück gibt er mir meinen Ausweis zurück, ohne Kommentar, und zieht ab.
Rüzgar kommt. Er lacht.
»Ist was?«
»Nichts.«
»Gehen wir?«
»Ich gehe nachhause.«
»Was ist los?«
»Fick dich.«
Ich zerknülle die Snickersverpackung in meiner Faust, als ich durch den Bahnhof laufe. Rüzgar schreit noch was hinterher, ich höre ihn nicht.

Ich schließe die Tür auf, Mama schreit. Klatscher sind zu hören. Wenn Haut auf Haut klatscht. Knochen auf Knochen. Mamas Stimme ist so schrill, als würde Geschirr brechen, Papa höre ich nur dumpf. Ich gehe in mein Zimmer und setze mir meine Kopfhörer auf. Die Beats von Dr. Dre. Die Kopfhörer haben mich ein Vermögen gekostet. Sind es wert. Man hört nichts mehr, wenn man sie aufsetzt. Die sind wie Bauarbeiterohrenschützer, man ist in Watte.

Ich merke, dass die Tür auf ist. Ich setze die Kopfhörer ab. Mein Vater steht mitten im Zimmer mit roter Fresse.
»Hörst du nicht, dass ich klopfe?«
»Nein.«
»Da klopfe ich schon mal und du hörst nicht.«
»Was willst du?«
»Was machst du?«

»Pauken.«
»Was?«
»Ich habe eine Prüfung nächste Woche.«
Er setzt sich auf mein Bett. Ich glaube, der hat geweint.
»Weißt du, im Leben eines Mannes kommt dieser Moment, wo du dich für eine Frau entscheidest. Du fickst rum und fickst rum, aber irgendwann sagst du, es reicht, es ist Zeit erwachsen zu werden, eine Familie zu gründen, und dann suchst du dir eine aus. Wenn dieser Moment kommt: pass genau auf, welche du dir aussuchst! Wirst sonst ein Krüppel fürs Leben. Du kannst dir alles verbauen, wenn du nicht genau hinguckst. Ich habe einfach irgendeine genommen. Eine, die neben mir stand. Eine, bei der ich dachte, sie macht keine Probleme. Und siehst du, was dabei rauskommt?«
Ich sage nichts.
»Und nimm eine von deinem Blut. Von unserem Blut. Hörst du? Ich habe auf meine Eltern nicht gehört, als sie gesagt haben, nimm keine Russin, nimm eine von uns, die ficken eh unser ganzes Land, seit Jahrhunderten ficken die Russen unser Land, und jetzt ficken die auch dich und dein Leben. Ich habe nicht auf meine Eltern gehört. Und das ist jetzt die Strafe.«
Ich überlege, ob ich die Prüfung schaffe, wenn er weiter hier so rumsitzt und labert.
Ob ich ihm den Kopf einschlagen soll mit meinem?
»Selber schuld, ich bin selber schuld, ich weiß. Jetzt kommen die Russen und nehmen unser Land auseinander und ich muss mir von deiner Mutter anhören, dass ich ein Nazi bin. Verstehst du. Ich ein Nazi? Weil Russen immer die Roten sind, sind die Ukrainer jetzt Nazis. Weil wir Unabhängigkeit wollen? Die haben selber einen Hitler an der Macht, aber ich bin Nazi. Deine Mutter frisst mir die Eingeweide raus. Ich überleb das

nicht, sie will mich tot sehen! Als wäre ich schuld an dem Ganzen!«

Jetzt weint er wirklich, aber ohne Ton.

»Verstehst du mich? Pawel, verstehst du mich?«

Ich schaue auf den Teppich und nicke. Ohne Ton.

»Sag mir, Sohn, verstehst du mich?

Ich sag nichts.

»Sag mir, bist du Russe oder Ukrainer?«

Ich hebe meinen Kopf.

»Russe oder Ukrainer?«

Kein Ton.

Ich gebe keinen Ton von mir.

Mein Vater heult. Seine Fresse ist ganz zerlaufen. Ich schaue ihn an. Ich kann nichts sagen. Er greift nach meiner Hand. Ich schüttle ihn ab und laufe aus dem Zimmer. Vorbei an meiner Mutter. Sie redet mit sich selbst. Renne die Treppen runter. Laufe auf die Straße. Weiß nicht wohin. Laufe einfach. Ich laufe und laufe und bin bei Rüzgar vor der Haustür, seine Mutter macht auf und macht diese Kopfbewegung in Richtung seines Zimmers. Er liegt auf dem Sofa und raucht Pott. Ich setze mich ohne einen Ton neben ihn, er reicht mir den Split. Wir rauchen. Eine Ewigkeit. Kein Ton.

Als der eine aufgeraucht ist, baut er gleich den nächsten, zündet ihn an. Das Gras knistert wie Knallfrösche, wenn man tief genug zieht. Rüzgar liegt langgestreckt auf dem Sofa, ich sitze zu seinen Füßen. Seine Socken sind an meinem Knie, selbst sie riechen nach seinem Parfüm, trotz Gras und Fett rieche ich ihn bis in die Magengrube.

»Willst du einen Shot?«

Und wie ich einen will.

Er winkelt die Beine an, krabbelt auf mich zu, seine Augen sind große Glasteller, er beugt sich über mich, dreht den Split in seinem Mund mit der Glut in seinen

Rachen, ich öffne meine Lippen für den Filter, er schießt mir eine Ladung rein und das Licht ist kurz aus. Als es wieder angeht, ist es nur gut.
Ich sehe die Decke, sie flimmert. Ich grinse, grinse, fang an zu lachen, lache und lache, mir kommen Tränen vor Lachen. Ich wische sie nicht weg, ich mag es, wie sie die Wangen runterlaufen. Ich höre mich selbst kichern und dann noch ein anderes Geräusch. Verstehe es nicht. Ein Rascheln. Das Rascheln meiner Hose. Ich spüre Rüzgars Hände an meiner Jeans. Er knöpft sie mir auf. Ich kann ihn nicht sehen. Ich spüre nur seine Finger, Knopf für Knopf, meine Hose aufmachen, ich will was sagen, aber weiß nicht was.
Er streift mir die Hose runter, bleibt an meinen Fersen hängen, er macht so langsam, dass ich nicht glaube, dass das wirklich passiert. Alles ist langsam, aber trotzdem zu schnell. Ich komme nicht hinterher.
Rüzgars Kopf ist kurz über mir, huscht über mich wie eine dunkle Wolke, ist schon wieder weg, seine Haare kitzeln mich die Brust runter bis zum Bauchnabel. Er hat mein T-Shirt hochgezogen. Er zieht mir die Unterhose aus. Seine Finger sind kalt. Sein Kopf ist jetzt über meinem Schwanz und ich will schreien. Er nimmt mein Ding in den Mund und fährt mit seinen Lippen rauf und runter. Ich merke, wie ich steif werde. Ich greife mit der Hand nach seinem Kopf, will ihn wegzerren, stattdessen presse ich ihn noch mehr auf mich drauf. Ziehe ihn wieder weg, presse drauf, weg, drauf, weg, drauf, ich stöhne, er legt seine Hand auf meinen Mund, ich lecke seine Finger, den Raum zwischen den Fingern, nehme seine Hand in den Mund und sauge an ihr. Ich hebe mein Becken an, damit er mich ganz in den Mund nehmen kann, mich komplett auffressen, ich spüre, wie ich komme, höre, wie er seine Hose aufknöpft, reiße die Augen auf, die Decke

flimmert, in meinen Ohren rauscht es, ich greife mit beiden Händen nach ihm und schmeiße ihn von mir runter. Er landet auf dem Boden. Klettert wieder aufs Sofa, will auf mich drauf, seine Hose hängt halb runter, sein Mund ist wie gerissen, ich schmeiße ihn wieder auf den Boden, springe vom Sofa und die Zeit hält an.
Wir stehen mitten im Raum und atmen.
Wir stehen einander gegenüber und atmen so laut, dass seine Mutter es garantiert hört.
Mir wird schlecht. Ich habe heute nur Schokoriegel gegessen, mir kommen die Erdnüsse wieder hoch.
Ich will kotzen, suche nach meiner Hose, der Unterhose, ziehe mich an. Rüzgar steht mitten im Raum und schaut mich an.
Ich nicht. Ich kann nicht in seine Teller schauen grade.
Ich klettere irgendwie in meine Sachen, stolpere, mir fehlt eine Socke. Scheiß drauf. Ich gehe ohne raus.

Ich weiß nicht, wie spät es ist, aber es ist schon dunkel. Ich finde das Haus nicht so schnell, ich weiß nicht, wann ich das letzte Mal hier war. Misha öffnet die Tür und sagt nichts. Er gibt mir die Hand. Ich habe Angst, dass meine Hände nach Rüzgar riechen. Seinen Haaren.
Ich gehe in die Wohnung. Ziehe meine Schuhe nicht aus. Die Schuhe sind den Jungs egal. Sie sitzen um den Computer herum. Bierflaschen auf dem Boden, Skype ist an. Ich erkenne den Typen auf dem Bildschirm nicht, er ist verpixelt. Ich setze mich zu den anderen, nehme ein Bier. Oleg ist am dichtesten dran und sagt was, alle anderen schweigen.
»Es gibt Brot, Buchweizen und Suppe mit Huhn. Manchmal. Ist ok«, sagt das verpixelte Gesicht im Computer.
»Und siehst du Weiber, sag mal?«, fragt Oleg. Rutscht auf dem Sofa herum.

»Die eine, die Suppe austeilt. Sonst nicht. Schon lange nicht.«
»Schickt man euch keine?«
»Das ist nicht gut für den Kampf, Bruder. Ich habe keine Zeit für Weiber, ich muss mich konzentrieren. Auf andere Sachen.«
Mir wird klar, dass es Dima ist. Olegs Bruder. Der ist vor einer Weile verschwunden. Ich habe nie gefragt. Er war weg, ich dachte halt, er kommt schon wieder.
»Und die anderen? Alles unsere?«
»Hier sind alle möglichen. Slowaken, Serben, Polen.«
»Polen?«
»Ich glaube schon.«
»Aber keine Schwarzköpfe?«
»Ne!«
Olegs Bruder lacht, das Bild wird schärfer. Er trägt Uniform, die Jacke aufgeknöpft, ein Kreuz hängt um seinen Hals auf dem weißen Shirt. Das ist neu.
»Wir haben hier Kalaschnikows, Panzerfäuste, jede Menge Munition. Wird ständig nachgeliefert. Gestern haben wir einen Panzer übernommen. Gehörte dem Feind.«
Wir alle schweigen und trinken. Gucken auf den Bildschirm.
»Du bist ein Held, Bruder«, sagt Oleg.
»Ja. Ist die richtige Entscheidung gewesen. Es ist gut hier. Frei. Das erste Mal frei. Ich glaube, ich komme nicht wieder. Bruder. Ich glaube, ich bleibe. Ich war nirgendwo so richtig wie hier.
Wie geht es Mutter?«
Oleg schweigt. Starrt auf den Bildschirm.
»Na ja. Okay. Ich muss jetzt los. Pass auf dich auf. Jungs, passt aufeinander auf. Es gibt einen Kodex zwischen euch, der ist heilig. Tut es für mich. Für uns. Füreinan-

der. Beschützt euch. Wenn ihr euch nicht beschützt, die anderen werden es nicht tun. Je schwächer ihr seid, desto stärker sind die anderen.«

Dima legt auf.

Wir sind ziemlich lange still. Borjas Magen macht ein Geräusch, als würde ein Wolf aufjaulen, Oleg boxt ihm in die Seite.

»Hat dein Bruder eine Ausbildung?«, frage ich. »Der war doch noch nicht mal beim Militär, der ist doch hier aufgewachsen.«

»Die kriegen da alles. Ausbildung, Waffen, alles.«

»So schnell geht das?«

»Ja. So schnell.«

»Von einem Tag auf den anderen.«

»Der konnte nichts, nicht mal geradeaus pissen konnte er, und jetzt ist er ein Held. Er wird Gründervater sein. Er wird die freie Volksrepublik Donezk gründen. Und was sind wir?« Oleg steht auf und schaut in die Runde. »Ein Haufen Scheiße sind wir. Verweichlichte, aufgequollene Scheiße. Schaut uns doch an!«

Borja greift sich an den Bauch, hat wohl Angst, wieder Geräusche zu machen.

»Schrei nicht rum«, sagt Misha. »Meine Eltern schlafen.«

»Ich soll nicht schreien? Mein Bruder ist im Krieg für uns alle und ich hänge hier mit euch in diesem Drecksloch von Land, wo uns nur Lügen erzählt werden, wo wir fett werden und so aussehen wie Borja.«

»Hey!«

»Ja, was hey?! Mir reicht's!«

»Und was willst du jetzt machen, hm? Auch gehen?«

»Ja!«

»Du gehst jetzt?«

»Ja! Morgen früh. Ich packe meine Sachen und fahre zum Flughafen.«

Es ist still.
»Meinst du es ernst?«
»Ja!«
»Meinst du das ernst?«
»Ja!«
»Meinst du das wirklich, wirklich ernst?«
»Jeder von euch Arschlöchern, der in dieser Fotze von Land hier verrotten will, der soll das tun. Aber ohne mich. Ich gehe zu meinem Bruder. Ich lasse ihn nicht im Stich. Ich lasse ihn nicht allein. Ich kann so nicht leben wie ihr alle. Tot und fett und deutsch. Ich bin das hier nicht. Wisst ihr, wer ihr seid? Ich weiß es.«
Er will aus dem Zimmer. Überlegt es sich anders. Läuft Runden. Raucht. Keiner bewegt sich. Dann schmeißt er die Kippe auf den Boden.
»Willst du wirklich gehen?«, fragt Borja.
»Willst du töten gehen?«, fragt Misha.
Oleg sagt nichts.
Er schaut nur.
Er meint es ernst.
Ich sage was.
Ich sage: »Ich komme mit.«

5. Maßschneiden

Du hast Angst, nicht mitzukommen. Sie reden nacheinander, zueinander, lassen sich ausreden, aber in deinem Kopf vermengt sich alles zu Brei. Omar und Christin sind mal wieder auf der Höhe der Dinge, sie kennen den Ausgang der Studie, noch bevor sie abgeschlossen ist, und beratschlagen, was sie mit den Ergebnissen machen werden. Wie präsentieren. Wie veröffentlichen. Wem verkaufen. Sie streiten darüber. Konstruktiv. Schreien

sich nicht an. Du reibst dir die Schläfen mit den Mittelfingern und entschuldigst dich. Gehst raus.
Du gehst in dein Büro zurück, du gehst ans Fenster, gegenüber ist eine Frau, sie telefoniert. Sie trägt einen Anzug, sie scheint beschäftigt, auch sie scheint auf der Höhe der Dinge zu sein. Alles mitzukriegen. Du nicht. Du fragst dich, wie ihre Haare unter dem Tuch aussehen. Merkst, dass es dich wütend macht, ihre Haare nicht sehen zu können. Kriegt sie keine Kopfschmerzen? Du reißt das Fenster auf. Atmest. Atmest frische Luft. Besser. Die Mischung aus Ibuflam 400 und frischer Luft hilft. Es ist kalt. Wie kalt ist es?
Du setzt dich an deinen Schreibtisch, schaust auf dein Handy, das dir sagen kann, wie kalt es draußen ist. Und wie spät. Der Displayhintergrund ist das lächelnde Gesicht deiner Frau. Du fragst dich, was sie jetzt macht. Ob sie an dich denkt. Schreibt, liest, Tee trinkt, masturbiert, jemand anderen empfängt. Plötzlich kommt dir das Bild, wie sie, noch mit deinem blauen Hemd bekleidet, jemand anderem die Tür aufmacht, einem Mann, sein Gesicht kannst du nicht erkennen, du siehst nur seine Silhouette und die nackten Beine der Frau. Ihre Kniekehlen. Schüttelst das Bild ab.
Du denkst an das Gesicht des Mannes mit den buschigen Augenbrauen aus der U-Bahn heute Morgen, der mit dem Rucksack. Er ist weitergefahren. Du bist an deiner Station ausgestiegen, hast gezögert, hast das Bedürfnis unterdrückt loszuschreien, alle aufzufordern die Bahn zu verlassen, sofort mit dir rauszugehen. Was hättest du gesagt?
Es ist nicht sicher.
Man weiß nie.
Du hast das Gefühl unterdrückt, du hast dich in deinen leeren Kaffeepappbecher gekrallt und bist ausgestiegen.

Du warst nicht zu spät im Büro. Alles wie immer, alle wie immer. Grüßten. Du auch.
»Ist was?«
»Nein, wieso?«
»Bereit fürs Meeting?«
»Ja, klar.«
»Ist dir nicht kalt?«
»Was?«
»Bist du so hergekommen? Ohne Jacke?«
»Mir geht es gut.«
»Deine Nase ist rot.«

Heute kannst du dich nicht konzentrieren. Du denkst die ganze Zeit an das Gespräch mit deiner Frau. Sie will Kinder. Aber du fühlst dich nicht bereit. Oder doch? Ist es schon so weit? Bist du schon so jemand? Mit leichter Plauze über dem Gürtelrand und einer Frau, die zuhause sitzt und darauf wartet, dass du ihr auf dem Ledersofa Kinder machst? Warum nicht. Du hast bei dir die ersten grauen Haare entdeckt, schon vor ein paar Monaten, hast ausdruckslos in den Spiegel geschaut. Die ersten grauen, jetzt kommen sie also, so fühlt es sich also an.
Du hast beobachtet, wie sie bei deinen Freunden kamen, bei denen mit schwarzen Haaren kamen sie früher. Du bist so ziemlich die Norm, was das Altern angeht, es ist nicht zu früh für die paar silbernen Fäden, das lässt dich klüger aussehen. Interessanter. Du hast mal gelesen, Frauen finden Männer mit grauen Haaren attraktiver. Du verspürst das Bedürfnis heute Abend nicht zu deiner Frau zu gehen, ihr nicht zum Einschlafen vorzusingen, wie du versprochen hast, sondern dich um den Block in die nächste Bar zu setzen und diese Theorie zu testen.
Christin geht an deinem Schreibtisch vorbei, wackelt mit den Hüften. Das tut sie immer, aber jetzt fragst du dich,

ob sie dich attraktiver finden würde, wenn deine Haare ganz grau wären.
Du stellst dir deine Frau schwanger vor. Du siehst sie fett, mit geschwollenen Beinen. Aus irgendeinem Grund verheult. Du wirst eine Zeitlang nicht mit ihr schlafen können, aber das macht nichts, es gibt Wege damit umzugehen. Und dann kommt dieses einzigartige Erlebnis, diese Erfahrung, ohne die das Leben nur halb so viel wert ist: die Geburt des eigenen Kindes. Das hast du gelesen. So steht es geschrieben. Und die mit Kindern sagen sowas Ähnliches.
Du versuchst dir deine Kinder vorzustellen. Als eine Mischung aus deiner Frau und dir, oder als eine Kopie deiner Mutter, als sie klein war.
Du fragst dich, in was für eine Welt diese Kinder, deine Kinder, reingeboren werden. Du hast keine Ahnung. Du wirst für sie sorgen können, das ist sicher. Finanziell. Deine Mutter würde kommen und helfen. Und sonst?
Du holst dein Handy raus und schreibst eine Nachricht an deine Frau.
»Ich liebe dich.«
Dann checkst du Nachrichten in Tageszeitungen.
Du liest: Wahlbetrug in irgendwelchen Ländern, Explosionen in irgendwelchen Ländern, Korruption überall. Du liest, dass zwei muslimische Schüler sich geweigert haben, ihrer Lehrerin die Hand zu geben. Das sei gegen ihren Glauben. »Sie dürfen keinen körperlichen Kontakt zu Frauen außerhalb ihrer Familie haben. Damit würden sie die Würde der Frau schützen, sagen die beiden. Die Schulbehörde weigerte sich das zu akzeptieren. Der Gerichtshof entschied: Der Händedruck kann durch eine Lehrperson eingefordert werden. Die betroffene Schule begrüßte die Entscheidung der Behörde. Sie habe nun

›Klarheit für das weitere Vorgehen‹. Der Entscheid sei der syrischen Familie bereits mitgeteilt worden.«
Du ziehst die Augenbrauen zusammen. Liest die Meldung nochmal. Denkst nach:
Wann gibst du Leuten die Hand?
Vor den Meetings, nach den Meetings.
Den Freunden deiner Frau.
Deine Hände sind immer sauber, weil du weißt, du musst sie gleich ausstrecken. Mit Schwung aus dem Ellenbogen, nicht aus der Schulter.
»Hallo, wie geht es«
oder
»Angenehm.«
Codes. Rituale. Man muss es ja so nicht meinen. Es muss niemandem wirklich angenehm sein. Man tauscht Körperflüssigkeiten aus, wenn man verschwitzt ist. Man ist intim, ohne sich etwas zu versprechen.
Es dauert etwa drei bis vier Sekunden.
Wem sollte so etwas wehtun?
Du kommst nicht weit mit deinem Denken. Du schlägst nach:

»Bereits im Neuen Testament wird im Brief des Paulus an die Galater (ca. 50 n. Chr. verfasst) erwähnt, dass Paulus beim Abschied in Jerusalem die ›rechte Hand der Freundschaft‹ gereicht wurde. Dies weist darauf hin, dass bereits in der griechisch-römischen Zeit die Tradition des Händeschüttelns bekannt war. Auch auf römischen Münzen lässt sich das Händeschütteln als Symbol der Eintracht wiederfinden …« (Quelle: Wikipedia)

Du legst dein Handy auf den Tisch und schaust auf deine Handinnenflächen. Du legst sie übereinander. Legst die eine in die andere. Es fühlt sich seltsam an, sich selber die Hand zu halten. Du drückst mit der einen Hand den Rücken der anderen und schüttelst. Es fühlt sich an wie Papierblätter aneinander reiben. Aber es tut nicht weh.

Du stehst auf und gehst rüber. Omar sitzt an seinem Schreibtisch und scheint auf Computer und Telefon gleichzeitig zu tippen. Seine Finger sind so schnell, dass du sie nicht sehen kannst.

Omar schaut hoch. Schaut dich an.

»Alles in Ordnung?«

»Ja. Klar.«

»Du schaust so.«

»Wie denn?«

»Du bist heute nicht gut drauf, stimmt's? Habe ich schon beim Meeting gemerkt, dass du nicht mitkommst. Migräne?«

»Doch, ich bin mitgekommen.«

»Was mit deiner Frau? Wie geht es ihr? Sollen wir am Wochenende alle zusammen ausgehen?«

»Ja, gute Idee. Ich frage sie.«

»Meine ist völlig aus dem Häuschen wegen des neuen Wagens, den wir gekauft haben. Sie hing monatelang im Internet und hat Vergleiche gemacht und sich den ganzen Extrakrempel angeschaut und dann hat sie DEN Wagen gefunden. Einen Alfa Romeo 4C Spider. In Rot. Die Frau spinnt, ich sage es dir, sie ist total gaga. Sie hat sich so in dieses Auto verliebt, so hat sie mich nie angeschaut. Statt des Tischgebets hat sie vor dem Essen die Extraausstattung runtergebetet. Verstehst du? Ich musste ihn kaufen. Na, wie auch immer. Wo wollen wir hin am Wochenende?«

»Kann ich dich um etwas bitten?«

»Hm?«

»Kann ich dich um etwas bitten?«
»Klar.«
»Kannst du mir die Hand schütteln?«
»Wie bitte?«
»Kannst du mir deine Hand geben? Kannst du mir einen Handschlag geben?«
Omar schaut dich an. Es vergehen Stunden, so schaut er dich an. Dann steht er auf, geht auf dich zu. Du willst die Hand ausstrecken. Aus dem Ellenbogen, nicht aus der Schulter, aber es geht nicht. Deine Arme hängen herunter, du kriegst sie nicht hoch.
Omar steht jetzt vor dir, ganz dicht. Er breitet seine Arme aus und schlägt sie um deine Schultern. Hält dich fest. Hält dich sehr fest. Umarmt dich.
»Was ist denn mit dir?«
Du sagst nichts.
»Heute ist ein blöder Tag, hm?«
Du sagst nichts.
»Ist was passiert? Ist was mit deiner Frau? Deiner Mutter? Bist du krank?«
»Ich bin nicht krank, ich will, dass du mir die Hand schüttelst.«
»Warum?«
»Weil es ein Zeichen unserer Zivilisation ist.«
Omar lässt dich los und grinst. Ganz dicht vor dir. Seine Zähne groß und gleichmäßig. Schlägt dir paarmal mit der flachen Hand auf die Schulter. Setzt sich wieder an seinen Schreibtisch.
»Du brauchst mal Urlaub, hm?«
Du pochst, dein Kopf pocht, du wirst rasend, willst Omar anspucken, gehst hastig auf ihn zu, reißt an seinem Ärmel, nimmst seine Hand und schüttelst sie. Eure Arme wabern ineinander wie Gummi.
»Zufrieden?«

Du stürzt raus. Wieder in dein Büro. Setzt dich an den Schreibtisch. Stehst auf. Gehst zum Fenster. Fenster auf, Fenster zu. Die Schlieren auf dem Glas machen dich fertig.
Du denkst an Essig, du denkst an Dampfreiniger, du denkst, welche Fotze hat hier nicht ordentlich saubergemacht, du denkst an Fett und Dreck und wie viel davon menschliche Talgdrüsen wohl produzieren, drückst deine Stirn gegen das Glas, schlägst mit deiner Stirn gegen das Glas, es bricht nicht, natürlich nicht, und es tut auch nicht weh.
Du greifst nach deiner Tasche. Heute ist nicht gut. Du kannst heute nicht arbeiten. Heute ist nicht dein Tag. Dir ist den ganzen Tag nach Weinen zumute, aber es kommt nichts raus. Die ganze Welt heult heute und bei dir kommt nichts raus, du produzierst nur Talg aus allen Drüsen.
Du willst nachhause.
Du willst zu deiner Frau.
Du willst sehen, wie es ihr geht.
Du willst ihr vorsingen, bis sie einschläft, das hast du ihr versprochen.
Du bist ein Mann des Wortes, du hältst, was du versprichst. Du hast versprochen für sie zu singen. Du hast versprochen sie zu beschützen. Und das wirst du tun.
Sie und eure Kinder.
Du stolperst aus dem Bürogebäude, aus dem Shared-Spaces-Start-up-Vegan-Gebäude, und erst jetzt fällt dir auf, wie sehr es draußen stinkt.
Es stinkt.
Auf den Straßen.
Es stinkt nach Schweiß und Kotze und Kot.
Es stinkt nach modrigen Tieren, nach verwesenden Menschen, du siehst keine, aber sie hängen in der Luft,

über deinem Kopf, in deiner Nase. Es ist dir noch nie aufgefallen, wie sehr sie überall sind.
Du kannst unmöglich die U-Bahn nehmen.
Du willst einem Taxi winken, aber was, wenn der Taxifahrer auch stinkt? Dann bist du mit ihm auf engstem Raum eingeschlossen. Und ihr kommt in einen Stau. Und er fängt an zu rauchen. Dann ist der Geruch von Nikotin und Männerschweiß für Stunden alles an Luft, was dir bleibt, während ihr im Stau steht und er in einer Sprache flucht, die du nicht verstehst. In der du nicht mal verstehst, ob er über den Stau flucht oder über dich.
Du gehst zu Fuß.
Du hast nur ein Jackett an. Es ist Februar.
Du gehst zu Fuß. Du spürst keine Kälte.
Du hörst diese texanische Band über dein Handy, sie beruhigt dich ein bisschen.
Eine Nachricht kommt rein, deine Frau schreibt: »Dito.«
Du läufst schneller. Du weißt, etwas ist nicht in Ordnung. Es ist etwas sehr, sehr nicht in Ordnung an diesem Tag.
Du siehst eine Frau auf dem Boden sitzen, du siehst ihr Gesicht nicht, es ist ein Kopftuch drum, mehrere. Sie ist im Schneidersitz, hat nur eine Strickjacke an. Sie hält einen leeren Kaffeepappbecher ausgestreckt in beiden Händen. Ihre Hände zittern. Sie friert. Ihr ganzer Körper bebt vor Kälte. Du hältst an. Du kniest dich vor sie hin. Du versuchst in ihr Gesicht zu schauen. Sie hebt den Kopf. Ihre Augen sind groß und tief, den Rest kannst du nicht sehen. Sie schaut dich fragend an. Sie schaut dich flehend an. Sie könnte so alt sein wie deine Mutter. Du merkst, dass es dir endlich kommt. Dass dir endlich Tränen kommen, dass du endlich weinen kannst, so wie alle normalen Menschen auf diesem Planeten.

Du ziehst dein Jackett aus und legst es um die Schultern der alten Frau. Ihre Augen werden größer, sie streckt dir den Pappbecher vor die Nase. Du holst dein Portemonnaie raus, du hast fast kein Bargeld. Alles was du hast, zwanzig Euro, legst du ihr in den Kaffeebecher. Sie zieht dein Jackett enger um die Schultern und murmelt etwas. Du verstehst es nicht. Du richtest dich auf.

Es ist Februar und du hast nur ein Hemd an auf der Straße. Deine Augen sind vereist wie ein See, aber du bist froh zu weinen. Du läufst nach Hause. Du läufst fröhlich nachhause, so froh, als wärst du ganz leicht. Ohne dicke Jacke, ohne Jackett bist du ganz leicht. Du hüpfst durch die Stadt, merkst gar nicht, wie schnell du zuhause bist. Du lachst vor Freude zuhause zu sein. Früher zuhause zu sein. Plötzlich so viel Zeit zu haben. Für alles Mögliche. Was wirst du tun? Du bist zu aufgeregt, um dich zu entscheiden. Einen Film gucken, endlos im Internet surfen ohne Ziel, mit deiner Frau Essen gehen. Vor Aufregung findest du deinen Schlüssel nicht. Du klingelst. Sie macht dir nicht auf. Niemand macht dir auf. Der Türsummer summt nicht. Du merkst, wie deine Hände feucht werden. Du wusstest, dass etwas nicht stimmt, du wusstest, dass etwas passieren wird. Dass es passieren wird.

Du findest deinen Schlüssel unten in der Tasche, mit zittrigen Fingern öffnest du die Tür, reißt sie auf, rennst die Treppen hoch, obwohl ihr einen Fahrstuhl habt in dem Gebäude, aber du würdest es nicht aushalten darauf zu warten, darin zu stehen und zu warten. In ihm stinkt es, du musst rennen, rennen, du rennst nach oben, in den vierten Stock, du stößt die Wohnungstür auf, es ist vollkommen still. Du läufst durch die Zimmer. Deine Frau ist nirgends.

Du stößt die Tür zu ihrem auf, sie sitzt am Schreibtisch mit überschlagenen Beinen, mit Kopfhörern, die größer sind als ihre Ohren, und wendet dir erschrocken den Kopf zu. Starrt dich an. Ihre Finger tippen währenddessen weiter. Sie muss noch den Satz zu Ende schreiben, bevor sie die Kopfhörer abnimmt und mit dir sprechen kann.

Die Idee, ihre Gedanken von heute Morgen aufzuschreiben, sei gut gewesen, sagt sie. Seitdem fließt es nur so aus ihr heraus.

»Warum bist du schon zuhause?«

Du gehst auf sie zu, hebst sie hoch,
ihre nackten Kniekehlen in deinen Armen,
ihre Schultern in deinen Armen,
trägst sie ins Wohnzimmer,
legst sie auf das Mid-Century-Modern-Jacques-Charpentier-Real-Leather-Lounge-Sofa und vögelst sie.

Du vögelst sie in die Ritzen des Sofas hinein. Du vögelst ihre Muschi, bis es ein hohles Geräusch gibt. Du vögelst ihren Mund, bis sie würgt. Du vögelst ihren Arsch, bis er blutet. Du vögelst sie so lange, bis sie nur noch Laute von sich gibt, die du nicht verstehen kannst.

Sie schläft in deinen Armen. Das Sofa ist breit genug für euch beide, ihr liegt euch in den Armen und sie sabbert leicht auf deine Brust. Atmet durch die Nase aus und grunzt leise wie ein Tierchen. Du schaust auf ihre wunden Lippen, auf ihre geschlossenen Augen, auf ihre langen Wimpern. Du streichst ihr die blonden Strähnen aus dem Gesicht. Du tätschelst mit dem Handrücken ihre warme Wange. Du zerspringst vor Gefühlen zu ihr, für die du keine Worte hast.

Du lässt sie liegen und gehst ins Schlafzimmer. Soll sie schlafen. Sie ist so schön, wenn sie schläft.

Du gehst ins Schlafzimmer, machst den Schrank auf. Holst das kompakte Mehrzweckgewehr heraus. Du hast es seit deiner Militärzeit nicht angefasst. Stimmt nicht,

du hast es ab und zu rausgeholt, um es in Händen zu halten, mehr nicht. Zu fühlen, wie sich die Selbstladebüchse anfühlt. Du fährst mit der Hand über den kalten Lauf, du hast es immer bereut kein Bajonett vorne angeschraubt zu haben. Aber wozu? Nie gebraucht.
Du legst den Finger an den Abzug, legst die Schulterstütze an, fühlst das Gewicht, schaust den Vorderschaft entlang durch das Visier. Du siehst eine freie Fläche. Eine weiße Wand. Du legst wieder ab.
Du befühlst den Patronenauswurf. Du hast keine Munition. Du legst ab, legst das Gewehr auf das Bett, auf den französischen Überwurf mit Ajour-Muster, und suchst im Schrank nach Munition. Suchst und suchst. Findest. Ein Magazin, zwei, drei, mehrere, du gräbst sie alle aus dem Schrank, ein ganzes Arsenal, das war dir gar nicht klar, woher und warum, aber du bist froh. Heute ist dein Tag. Du hast es gewusst, heute ist dein Glückstag. Es gibt alles, was du brauchst. Du hast alles, was du brauchst. Deine Frau schläft nebenan im Wohnzimmer und während sie schläft, sind deine Spermien auf dem Weg zu ihrer Eizelle, und das stärkste, das schnellste, das beste wird die Eizelle als erstes erreichen und es befruchten und in neun Monaten wird die Welt eine bessere sein. Eine maßgeschneiderte Welt. Für euch drei maßgeschneidert.
Du packst alles ein und gehst raus. Es ist dunkel.
Du läufst ruhigen Schrittes. Spitzt die Lippen. Pfeifst. Du hast alle Zeit der Welt. Das Gewehr kann man fast nicht sehen. Du kennst diese Straßen. Du kennst diese Stadt. Es ist deine. Maßgeschneidert für dich. Du kennst jeden Winkel. Du machst dich auf den Weg.

6. Watch me, Daddy

Lieber Papa, sie sagen, ich hätte nach dir gesucht, aber das stimmt nicht. Als ich abgehauen bin von zuhause, immer und immer wieder, da hast *du* nach *mir* gesucht, nicht umgekehrt, ich habe nie Sehnsucht nach dir gehabt oder danach, gefunden zu werden.
Du fandst mich auf dem Feld, mit dem Gesicht nach unten zwischen grasenden Stuten, Abdrücke von Grashalmen auf der Wange, sie juckte, du hast mich weggezerrt, mich ins Auto gezwungen, ich weiß, du hast dir Sorgen gemacht, deine Augen waren gerötet, du schnaubtest, du hast eine nach der anderen geraucht, obwohl die ganze Welt weiß, dass du es hasst. Dass du Nichtraucher bist. Und der Welt etwas zu beweisen versuchst. Aber es ist ihr egal, Papa, es geht ihr am Arsch vorbei.
Ich habe gezittert, das weiß ich noch. Es war so kalt, es ist immer so kalt in dem Land, in das du mich reingezwungen hast, man kann nicht mal richtig weglaufen, man erfriert. Ich schaute dich an. Dir war auch kalt, du hattest nur ein Hemd an und eine rote Nase. Und du hast eine Sprache gesprochen, eine andere, deine. Die, die aus dir rauskommt, wenn du stolperst. Wenn dir jemand fast vor den Wagen rennt.

Papa, als du ein Hippie-Ausländer in diesem Land warst und blonde Frauen dir bei Demos der Grünen die Haare entlaust haben, hättest du da gedacht, dass du einmal dieser jemand sein würdest, von dem die Leute sagen:
»Siehst du *ihn*? Da ist er. Wenn du dich gut mit ihm stellst, hilft er dir vielleicht.«
Vielleicht hilft *er*, *er* mag es zu helfen. *Er* hat Geld. Geld. Geld. Geld. Ja! Und wie viel!

Du hast uns wissen lassen, wie viel. Man konnte es an dir riechen.

Noch bevor das Geld da war, trugst du schon diese Anzüge und diese Uhr, und plötzlich hatten wir einen Fahrer und andere Fernseher und haben anderen Urlaub gemacht und haben anders gegessen und ich hatte dieses Gefühl, seit ich denken kann, seit ich dich kenne, dieses Gefühl tief in mir, in meinem Magen, noch bevor du mir gegen meinen Willen Geldscheine in die Tasche gesteckt hast. Das Gefühl: So will ich nicht sein.

Du hast versucht, mich zu erziehen, aus mir einen Mann zu machen, jemanden, der reinpasst, der nicht weiß, was hinter ihm liegt, einer, der nach vorne blickt. Einer, der seinen Kopf oben hält, obwohl ihn die Fünfhundert-Euro-Kopfhörer runterdrücken.

Du wolltest *dein* Bestes, indem du mein Bestes wolltest, doch ich bin kein Vorzeigeobjekt deiner zu erfüllenden Träume.

Ich sollte glänzen, aber nicht hochnäsig sein, ein Streber, aber es niemandem sagen. Ich sollte nicht auffallen in deinem Koordinatensystem von Zeit, Raum und Ordnung. Du sagtest, du willst ein leichtes Leben für mich. Keine Probleme.
Du sagtest, jeder von uns ist ein Platzhalter, unsere ganze Sippe. So wie sie auf mich schauen, schauen sie auf uns alle.
Und du bist nicht darauf gekommen, dass daran vielleicht etwas nicht richtig sein könnte. Es war einfach so.
Du hast dir deinen Akzent so hart abtrainiert, deinen Bart abrasiert, mit dem Trinken aufgehört, all diese Par-

füms aufgelegt, sogar deinen Gang geändert. Du sagtest, das alles ist für mich. Meine Zukunft. In die bist du hinein mit deinem Gang, deinem neuen Gang, mit dem Gang eines wichtigen Mannes bist du in meine Zukunft hinein und hast mich zu dir gerufen.
Und als ich sagte, dass ich schreiben will, hast du gelacht. Du fragtest mich, warum ich meine Freundinnen nicht mit nachhause bringe, sei doch genug Platz für alle, oder bin ich etwa schwul?
Ich hatte Angst meine Freundin nachhause zu bringen, Papa, ich hatte Angst eine Freundin zu haben, eine Frau anzufassen und so zu werden wie du.
Ich habe gesehen, wie du deiner Freundin, die kaum älter war als ich, Schlaftabletten gabst. Hast die Hand ausgestreckt und ihr gesagt, sie soll schlucken.
Weil sie nicht schlafen konnte.
»Das ist gut für dich.«
Und als sie sie einmal nicht nehmen wollte, nicht freiwillig, hast du ihr die Tabletten in den Drink gemischt, für den sie viel zu jung war.
Glaubst du, ich habe das nicht gesehen, oder wolltest du, dass ich es sehe?

Alle deine Freundinnen sahen aus wie die Frau aus der Werbung für den Rasierschaum, den du benutzt. Mit langen dicken Locken, sie alle zeigten ihren Bauchnabel, genau so wie die Frau in dem Werbespot, ich musste mir ihre Nabel anschauen und stellte mir vor, wie ich durch sie hindurchsteche und sie wie Luftballons verpuffen, die zu einem falschen Anlass aufgeblasen worden sind, an einem falschen Ort.

Du hast dir so viel Mühe gegeben ein Bild zu sein. Das Bild eines Mannes, dessen Anzüge sitzen, dessen Ini-

tialen in den Hemdkragen eingenäht sind, dessen von Kinderhänden gerollte Zigarren frisch von den Inseln kommen, obwohl er nicht raucht, obwohl er es hasst wie die Pest, aber gerne nuckelt.
Das Bild eines Mannes, der nie die Kontrolle verliert, aber schreit, wenn ich bei Rot über die Straße gehe, wenn ich nicht ausreichende Noten nachhause bringe, wenn die Lehrer sich beschweren, dass ich im Unterricht provoziere, dass ich *destruktiv* bin. Das stimmt nicht, Papa, ich habe die Lehrerin etwas gefragt und sie konnte mir nicht antworten und als ich ihr das sagte, dass sie keine Antworten parat hat auf die wichtigen Fragen, auf die eigentlichen Fragen des Lebens, ist sie ausgerastet und du wolltest noch nicht mal wissen, was ich sie gefragt hatte.
Du warst zu sehr damit beschäftigt ein Mann zu sein, der dem Polizisten, der seinen Sohn nachhause bringt, ruhig die Hand schüttelt und sich mit ihm darauf verständigt, es bei einer Verwarnung zu belassen. Beim ersten Mal. Beim fünften konntest nicht mal du die Anzeige abwenden, aber es sind ja Kleinigkeiten, kleine Delikte. Ich habe mich gefragt, ob du enttäuscht warst, dass der Grad meiner Vergehen so gering war, nie wirklich was Größeres, nie wirklich was mit Sinn.
Warst du enttäuscht?

Ich glaube nicht, dass es je eine größere Enttäuschung für dich gegeben hat als die Tatsache meiner Geburt. Der Rest waren Details. Du hast es mich spüren lassen.
Aber das ist okay, weil ich so nie vorspielen musste, dass wir uns mögen. Ich musste nicht so tun, als hätten wir uns etwas zu sagen. Und wir lebten aneinander vorbei, ohne dass es eine Berührung gab, die ich vermissen musste.

Papa, ich habe dich nicht gesucht und du hast mich nicht im Stich gelassen, für all das warst du mir nie wichtig genug. Und ich dir auch nicht. Wir waren einander Geister. Wir konnten uns nicht mal schlagen, wenn wir böse aufeinander waren. Griffen durch den anderen hindurch.

Es war lustig. Lustig, wenn du plötzlich anfingst Vater zu spielen. So wie du dir einen Vater vorgestellt hast. Woher hattest du das? Aus den Serien? Hast du dir das bei deinen Freunden abgeguckt? Mich in dein Büro zitiert, wo Mama mich von der Wand aus anschauen konnte, während du, Papa, die Hände auf dem Rücken gefaltet, auf und ab gingst und dich gebärdet hast, wie es sich gehört für einen Mann, wie du einer bist. Deine Stirn pochte und wurde fettig, wenn du mir die Leviten gelesen hast. So hast du es selber genannt: die Leviten lesen.
Ein echter Mann verhält sich so und liest seinem Sohn die Leviten.
Wenn du dann dort, in deinem Büro, mit Mama an der Wand, versuchtest ein Vater zu sein, eine Autorität, ich musste mich zusammenreißen, nicht zu lachen.

Deine Wände hängen voll mit Kunst, die du nicht verstehst, aber du weißt, es sind Raubschätze von Leuten, die in KZs umgekommen sind. Und es ist dir egal. Sie sind eine gute Kapitalanlage. Und Mama hängt irgendwo dazwischen.

Du mit deinen auf dem Rücken gefalteten Händen, hältst dir selber die Hand.

Du mit dieser Miene, steinhart, steinalt, du hast angefangen dir die Haare zu färben, so wie du angefangen hast, regelmäßig zur Maniküre zu gehen und Pediküre und Massagen und was nicht noch alles, weil du dir selber nicht die Fingernägel schneiden kannst und nicht deine Füße anfassen und nicht den Rest.

Du auf deinem Laufband ins Nichts, während du checkst, wie deine Aktien stehen. Sie stehen gut. Und du rennst. Auf deinem Laufband. Du investierst in Firmen, die Massengräber füllen in Ländern weit weg, du rennst auf der Stelle, achtest darauf, im Alter keine Plauze zu bekommen.

Du in deinem einwandfrei sitzenden Anzug mit den Initialen und Make-up Resten im Kragen, ich fragte mich, ob sie von deiner fast volljährigen Freundin sind, oder hast du angefangen dich zu schminken?

Rohes Fleisch, in kochend heißem Fett gebrüht, durch den Fleischwolf gepresst in dicken, wunden Würmern, kriecht dir in den Mund, fließt dir in den Mund, und ich kann sehen, wie du dir die Lippen ableckst, die Finger ableckst nach mehr.

Du fandst es lächerlich, dass ich kein Schweinefleisch essen wollte, obwohl das niemand von mir verlangte und unsere heiligen Schriften nichts dergleichen sagen, aber es tut gut sich an Regeln zu halten, die man sich selber auferlegt hat, Papa. Es tut gut, ein eigenes Koordinatensystem zu zeichnen. Eines, bei dem *ich* bestimme, welches die Achsen sind und wo die Grenzen verlaufen. Es muss für *mich* Sinn machen und nicht für irgendein Arschloch, das mir weismachen will, mit Penicillin und Antidepressiva vollgepumpte Leichen zu fressen sei in Ordnung.

Und du zucktest mit den Schultern.

Dieses Zucken, ich konnte es nicht mehr sehen, du tatst, als wäre es Gleichgültigkeit, dabei waren es deine zuckenden Nerven.

Ich fragte dich, warum wir in dieser Wohnung leben dürfen, mit der Nazi-Kunst und allem, während in der gesamten Stadt und in dem gesamten Land Geflüchtete nicht genug Wohnraum haben, und du sagtest, du würdest am liebsten den Leuten, die zu uns kommen, *vor Ort* helfen. Deine Ketten *dort* aufmachen, *sobald es ruhiger wird.*
Den Leuten etwas von *deinem Traum* geben, sagtest du. Du fandst keine Argumente dafür, warum wir Geflüchtete nicht bei uns aufnehmen. Es gibt doch »genug Platz für alle«? Oder nur für Frauen, die ich mit nachhause bringen sollte? Warum du dein Geld nicht spendest in eines der Länder, in das du Drohnen schickst, um deine Aktien steigen zu lassen, oder einfach Leute einstellst, die keine Anstellung bekommen, weil ihre Sprache noch nicht da ist, so wie deine lange nicht da war, du tust, als hättest du es vergessen, aber ich weiß, das hast du nicht. Das kann man nicht.
Man hätte dir nichts geschenkt, warum solltest du jetzt etwas verschenken, hast du gesagt, aber das war nicht meine Frage.

Du hast keine Antworten für mich, du hast nichts für mich. So wie die Lehrerin. Und bevor du mich aus deinem Unterricht rauswerfen konntest, bin ich selber gegangen.

Entweder man entscheidet sich mit faulen Kompromissen zu leben oder gar nicht zu leben. Und ich bin aus-

gestiegen, statt auf deinem Markt meine Chancen auszurechnen.
Ich habe einen alternativen Markt gefunden, Papa. Es gibt eine alternative Welt zu deiner und sie hält Wort. Sie hat Antworten. Sie riecht nicht nach Schweinefleisch und Make-up.

Zuerst wollte ich einfach nur wissen, warum diese Leute machen, was sie machen. Sie schaffen etwas, was ich nie geschafft habe: Sie machen dir Angst. Sie beschäftigen dich. Und ich war neidisch.
Ich meldete mich bei Facebook an und folgte dem Algorithmus. Man kann alles nachlesen. Wie es geht, wie der Algorithmus funktioniert. Man muss nur bestimmte Schlagworte eingeben, über ein halbes Jahr verteilt, dann bekommt man einen konkreten Rekrutierungsantrag. Und bis dahin habe ich recherchiert und recherchiert, habe gedacht, ich kann das irgendeiner Zeitung verkaufen, irgendeinem Theater oder sogar ein Buch schreiben, wenn das Sitzfleisch reicht. Meine Gedanken vertiefen und ihnen einen Wert geben, einen Wert zum Anfassen. Vielleicht klatscht ja auch mal jemand.

Ich habe Statistiken gelesen, die die Elternhäuser dieser Menschen analysierten. Ihren Werdegang in der Schule, ihre sexuellen Fantasien. Ich las so lange, bis mir klarwurde, ich finde das Angebot, das diese Leute einem machen, einleuchtender als alle Angebote, die du mir je gemacht hast.

Ich kenne ihre Methoden, einen reinzuziehen. Ich kenne ihre Ideologie. Ja, sie ist durchschaubar. Sie ist einfach. Aber, Papa, obwohl ich das alles weiß, hat mich der Algorithmus eines sozialen Netzwerks mehr überzeugt als du.

Es ist eine Dusche. Eine befreiende Dusche von all dem Gestank, von all dem Ekel. Von den roten Würmern Fleisch, die aus deinem Mund kriechen. Deinen gefärbten Haaren, deinen parfümierten Hemden, dem Geld in meiner Hosentasche, den Schlaftabletten in den Drinks junger Mädchen.

Ich traf die Leute persönlich, wollte hören, was sie zu sagen haben. Du würdest das nie tun, ich weiß, du hörst nie jemandem zu, der dein Koordinatensystem durcheinanderbringen könnte. Du hältst nur Monologe mit auf dem Rücken verschränkten Armen und achtest darauf, keine Pausen zu lassen in deiner perfekt sitzenden Sprache, die du dir geklaut hast von Leuten, die dir früher ins Gesicht gespuckt haben.

Ich bekomme hier 400 Euro monatlich und habe einen klaren Auftrag. Ich besitze nichts, nicht mal meine Waffe gehört mir, du hast mehr Waffen als ich, Papa, du warst schon immer besser bewaffnet. Aber ich bin frei, Papa. Ein Gefühl, das du niemals kanntest und niemals kennen wirst, weil du hängengeblieben bist.
Du bist zu einem geklauten Bild geworden, das du dir selber an die Wand gehängt hast.
Du, in deinem Größenwahn, dass dein Koordinatensystem für alle gültig ist.
Ich betrete es nur ab und zu.
Es ist wie Schiffeversenken.

7. Würde

– Willst du Wasser?
– Nein, danke.
– Nein?
– Ich habe keinen Durst.
– Nicht mal Wasser?
– Nein, danke.
– Ist das okay so? Sitzt du gut?
– Ja.
– Hier ist das Geld. Ich habe lange überlegt, mich gefragt, ob das richtig ist. Normalerweise mache ich das nicht, normalerweise bezahlt man für solche Interviews nicht, die macht man einfach, weißt du? Aber ich dachte, in deinem Fall ist es richtig. Ich, na ja, ich fand das richtig. Es ist nicht viel, aber – Ich hoffe, das ist in Ordnung.
– Danke schön.
– Sitzt du bequem?
– Ja. Alles gut.
– Wenn du willst, du kannst auch –
– Nein, danke.
– Hast du dir die Fragen vorher angeguckt?
– Ja.
– Sind sie in Ordnung?
– Ja.
– Hast du alles verstanden?
– Keine Ahnung.
– Dann lege ich mal los.
– Gut.
– Ich nehme das auf. Ist das okay?
– Ja.
– Also. Was ist deine Lieblingserinnerung?

– Meine Familie. Das Zusammensein mit meiner Familie.
– Zusammensein mit deiner Familie.
– Ja.
– Kannst du das etwas – konkreter –
– Mit Mama. Mama kocht, mein Bruder spielt Musik.
– Das ist schön, ja. Wo ist deine Mama?
– Noch dort.
– Das tut mir leid. Ist sie alleine?
– Nein. Mit ihrem neuen Mann. Mit ihrer Familie.
– Hast du Angst um sie?
– Manchmal.
– Entschuldige. Zurück zu deiner Erinnerung. In deiner schönsten Erinnerung –
– Meine Schwestern helfen Mama. Bringen mir Tee.
– Deine Schwestern, wie viele Schwestern hast du?
– Zwei.
– Und beide bringen dir Tee.
– Ja.
– Ich meine, du könntest auch ihnen Tee –
– Was?
– Nichts. Nächste Frage?
– Ja.
– Was möchtest du werden, was man dir ausgeredet hat zu werden?
– Als ich aufwuchs, sagte man mir, ich soll Arzt oder Ingenieur werden, das übernimmt man so von dem, was die Gesellschaft anbietet. Ich selbst denke aber im Gegensatz zu den meisten Leuten, dass man etwas machen sollte, was man liebt und was der Seele guttut.
– Was tut deiner Seele gut?
– Das weiß ich noch nicht.
– Hat man dich versucht davon abzuhalten?
– Was?

– Hat man dich daran gehindert, das zu werden, was du sein willst?
– Nein. Ich bin doch noch jung. Wenn ich viel lerne in der Schule, kann ich das machen.
– Und was wirst du dann machen?
– Weiß ich nicht. Geld. Ich will viel Geld machen.
– Ah. Das ist gut. Das will jeder wahrscheinlich.
– Ja.
– Und du kannst es einfach machen. Einfach alles werden.
– Ja.
– Arzt. Anwalt. Manager.
– Ja.
– Du fühlst dich nicht daran gehindert.
– Gehindert?
– Na ja, keine Ahnung, weil du fliehen musstest vielleicht und erst mit Anfang zwanzig die Sprache lernst. Weil deine Familie jeden Tag gebombt wird und du dir die Bilder davon anschaust, auf deinem Handy in den Schulpausen, während die anderen Gras rauchend Runden um die Schule drehen.
– Ich rauche auch Gras.
– Dein Deutsch ist nicht so gut. Glaubst du, dass es irgendwann so gut sein wird, dass du alles werden kannst, was du willst?
– Ich mache jetzt C1.
– Und dann?
– Dann mache ich C2.
– Ja, okay. Weiter. Welche Regeln stehen für dich fest?
– Die Grenzen des Respekts und der Würde nicht zu überschreiten.
– Was heißt das?
– Ich will, dass alle alle respektieren und ihre Würde nicht überschreiten.

– Das ist nicht dein Ernst.
– Warum?
– Egal. Weiter. Würde. Was würde deine Würde überschreiten?
– Weiß nicht.
– Komm schon, was würde deine Würde überschreiten? Wenn ich deinen Vater beleidige?
– Ja.
– Was würde dann passieren, wenn ich das tue?
– Das wäre nicht in Ordnung.
– Und was würdest du dann tun? Was würdest du dann mit mir anstellen?
– Ich würde sagen, dass du das nicht machen darfst.
– Nur das? Du würdest mir sagen, ich darf nicht deinen Vater beleidigen?
– Ja.
– Würdest du mich schlagen?
– Nein.
– Niemals?
– Nein.
– Komm schon, wenn ich sagen würde, dein Vater ist ein Ziegenficker, dessen Eier nach Döner stinken?
–
– Ich versuche hier etwas zu verstehen. Darum frage ich das. Miteinander reden. Ist wichtig. Wir müssen uns verstehen lernen. Gegenseitig unsere Sprachen lernen.
–
– Was würdest du dann mit mir tun, wenn ich so etwas über deinen Vater sagen würde?
– Nichts. Ich würde weggehen.
– Einfach weggehen.
– Gewalt ist keine Lösung.
– Wenn ich sagen würde, dein Vater schlägt deine Schwestern und verbietet ihnen das zu werden, was sie gerne wären – dann würdest du einfach gehen?

– Ja.
– Nächste Frage. Was macht dich wütend? Empfindest du Hass?
– Wenn ich arme Menschen sehe.
– Weißt du, dieses Interview macht wirklich nur Sinn, wenn du dich darauf einlässt. Wenn du ehrlich bist.
– Okay.
– Wenn du wirklich die Fragen beantwortest. So wie du willst. Du musst auf nichts achten. Vor niemandem Angst haben. Es ist anonym. Du kannst sagen, was du willst.
– Soll ich etwas Anderes sagen?
– Wann empfindest du Hass?
– Hass ist ein großes Wort.
– Wenn ich all diese Dinge über deinen Vater sage, empfindest du dann keinen Hass?
– Weiß nicht.
– Warum bringen deine Schwestern dir Tee, warum machst du ihnen keinen?
– Weiß nicht. Das ist so.
– Weißt du, wann ich Hass empfinde? Wenn ich so etwas höre.
– Okay.
– Wenn ich höre, dass es einfach so ist, dass Frauen sich von euch Männern einfach bedienen lassen.
–
– Da könnte ich reinschlagen. Da könnte ich ausflippen und ein paar Bomben werfen. Ich könnte kotzen. KOTZEN.
–
– Was ist mit deinem Arm?
– Ich habe mich geschnitten.
– Wer hat dir das angetan?
– Ist nicht so schlimm.

– Wurdest du angegriffen?
– Nein.
– Sieht aber so aus.
– Nein. Ist in Ordnung.
– Waren das deine Kumpels? Gab es Streit?
– Nein.
– Oder irgendein Penner? Irgendein Nazipenner hat dich mit einem Messer angegriffen?
– Nein, das war ich selber.
– Komm mir nicht mit, das war ich selber. Das war ich selber, ich bitte dich! Hat dich ein Nazi angegriffen?
– Ja.
– Auf offener Straße?
– Ja.
– Und keiner hat geholfen.
– Meine Freunde.
– Haben nicht geholfen?
– Ein bisschen.
– Und dann?
– Dann?
– Was ist dann passiert?
– Nichts.
– Was hat der Arzt gesagt? Wie schlimm ist es?
– Nicht schlimm.
– Siehst du, in so einer Welt leben wir. In einer Welt, in der Nazis Schwarzköpfe auf offener Straße angreifen und niemand tut etwas. Niemand. Ich könnte ausflippen.
– Weinst du?
– Nein. Ich bin nur wütend.
– Hier.
– Danke.
– Nächste Frage?
– Nächste Frage. Wo würdest du am liebsten leben?
– An einem Ort, an dem das Recht über allem steht.

–
– Was ist los?
– Nichts.
– Warum weinst du?
– Entschuldige bitte. Entschuldige.
– Habe ich etwas Falsches gesagt?
– Das ist mir sehr peinlich.
– Ist in Ordnung.
– Gott, tut mir leid.
– Willst du Wasser?
– Ja, gerne. Du bist so süß.
– Hier.
– Warum bist du nur so – ich bin – es tut mir so leid, ich bin so wütend, weißt du, da draußen greifen sie Leute wie dich mit Messern an und ich sitze hier und – warum tue ich das, wem bringt überhaupt irgendetwas irgendwas, wenn das alles so ist, wie es ist?
– Wie ist es?
– Donald Trump wird gewählt. Leonard Cohen ist tot.
– Wer ist Leonard Cohen?
– Ein Sänger. Ein US-amerikanischer Sänger.
– US-amerikanischer. Kenne ich nicht.
– Magst du keine US-Amerikaner?
– Ich kenne ihn nicht.
– Nein. Egal. Er hat mir viel bedeutet.
– Weinst du darum?
– Lass uns einfach weitermachen.
– Okay.
– Was ist das, was für dich im Leben zählt?
– Gerechtigkeit.
– Was ist Gerechtigkeit?
– Gleichberechtigung zwischen den Menschen.
– Was ist für dich Gleichberechtigung?
– Wenn alle alles miteinander machen dürfen.

– Und warum kochen dann bei euch die Frauen und die Männer lassen sich bedienen?
– Ich verstehe nicht.
– Welche Rolle spielt Religion für dich?
– Für mich ist Religion die Stütze meines Lebens.
– Betest du fünf Mal am Tag?
– Nein, ich muss in die Schule.
– Könnt ihr in der Schule nicht beten?
– Das geht nicht so gut.
– Diskriminiert man dich deswegen?
– Nein, ich will einfach nicht.
– Feierst du Ramadan?
– Ja, natürlich.
– Und dann fastest du.
– Ja.
– Und wie machst du dann Hausaufgaben, wenn du hungrig bist?
– Irgendwie.
– Und dann trinkst du keinen Alkohol?
– Doch.
– Was für ein Moslem bist du dann?
– Ich habe meine eigenen Regeln.
– Erzähl mir von deinen Regeln.
– Ehrlichkeit.
– Das wäre ja schön.
– Gott. Gottes Gesetz.
– Was sagt Gott, was man mit Nichtgläubigen machen soll?
– Gottes Gesetz ist Liebe.
– Fahrt ihr darum mit Lastwagen in Weihnachtsmärkte rein?
– Wie bitte?
– Schlagt ihr darum mit Äxten um euch, weil Gottes Gesetz Liebe ist?

– Ich verstehe nicht.
– Würdest du nicht den Penner, den Nazipenner, der dich angegriffen hat, am liebsten köpfen? Ist bestimmt ein Ungläubiger.
–
– Also ich würde es gerne tun.
– Nein.
– Was nein, warum lügst du?
– Ich lüge nicht. Es war kein Nazipenner. Das war ich. Das war ein Unfall.
– Warum lügst du am laufenden Band, ist alles, was aus euch rauskommen kann, verdünnte Scheiße, ich fasse es einfach nicht, ich empfange dich hier, ich biete dir was an, ich will wirklich verstehen, ich glaube, wir müssen uns wirklich verstehen lernen, uns wirklich kennenlernen, dafür müssen wir ehrlich sein, verstehst du das?
– Ich glaube, ich gehe jetzt.
– Ja genau, das ist eure Antwort auf alles.
– Was meinst du?
– Geh, hau ab.
–
– Halt, wo gehst du hin?
– Ich gehe.
– Nimm das Geld.
– Ich brauche es nicht.
– Natürlich brauchst du es, schau doch mal, wie du rumläufst.
– Wie?
– Wie ein Stricher.
– Was ist ein Stricher?
– Was ist das für ein Primark-Schick? Weißt du, dass Kinder, die jünger sind als du, für einen Euro im Monat von Hand dreihundert solcher Hosen nähen, wie du sie anhast?

– Warum redest du so mit mir?
– Dich anzuschauen macht mich krank. Du mit deinem falschen Lächeln, als wäre irgendwas in Ordnung. Nichts ist in Ordnung. GAR NICHTS. Du mit deinen aufgeschlitzten Armen, das waren doch bestimmt deine Kumpels, habt euch gegenseitig aufgeschlitzt, oder? Und dann sagen, es waren andere. Das wird nichts. So wird das nichts.
– Das darfst du nicht.
– Ach ja, und wie ich das darf. Hier darf ich das. Da, wo wir jetzt sind, dürfen wir sagen, was wir wollen. Das ist ein freies Land. Gewöhn dich dran.
– Du darfst nicht schreien.
– Ich darf, was ich will. Das ist Gerechtigkeit. Gleichberechtigung zwischen den Menschen.
– Hör auf.
– Dann stopp mich doch.

8. Woraufzu

Im Radio sagten sie, ein Typ mit einem Gewehr hat an einer Bushaltestelle so lange gewartet, bis jemand vorbeikam –
Eine alte Frau –
Und dann abgedrückt. Einfach so. Die sind zu ihm nachhause, der hat vorher seine Frau fast zu Tode gevögelt und ist dann vollbewaffnet durch die Straßen getigert. Im Dunkeln. Das Gewehr hatte er noch aus der Militärzeit.

Dann kam ein Bericht über Händedrücken. Sie sagten, Händedruck ist Pflicht
In der Schule und überhaupt

Ab jetzt müssen alle allen die Hände drücken, auch wenn sie nicht wollen
Auch wenn sie sich davor ekeln
Es unhygienisch finden
Abartig
Es gegen ihre Religion verstößt
Egal
Alle müssen sich überall anfassen, geht nicht anders
Das ist hier so
Wer will bleiben?

Ich
Weiß nicht, wie es ist
es nicht zu sehen
es nicht zu hören
trinken, wenn was weh tut
Sich die Birne weg
Sich die Beine weg
Und es hilft
Irgendetwas hilft
Und am nächsten Tag, vergessen
Einfach vergessen
Menschen vergessen
jeden Morgen eine neue Welt
Sie gehen raus

Essen mit den Fingern, greifen richtig rein
Halten sich an Händen
Halten bei Rot
Tragen bunte Schuhe
Lassen sich das Gesicht einschäumen
Die Schläfen wegrasieren
Wozu
Woraufzu

Ich laufe über den Platz, heute ist Markt
Sie besingen das Gemüse wie die Ärsche von Frauen
Einer von ihnen drückt mir einen Flyer in die Hand:
Ich soll die Welt retten.
Ja, okay. Mache ich.

Pawlik ist verschwunden. War letzte Woche nicht in der Schule
Ich hab geklingelt, der Vater hatte ein verheultes Gesicht, die Mutter stinksauer, hat mich rausgeschrien.

Auf dem Platz viel zu viele
Ziehen große Koffer hinter sich, ziehen weg, ziehen hin
Hin und wieder eine Reise
Hin und wieder ein Bleiben
Machen Kinder
Gehen zum Geldautomaten
Machen Jobs
Machen Kaffee
Freuen sich auf Weihnachten
Geschenke
Familie
Wozu
Woraufzu

Auf web.de stand, ein Mädchen hat am Bahnhof einen Polizisten niedergestochen. Sie ist etwas jünger als ich. Wir hätten in derselben Klasse sein können. Ich fand ihr Bild schön. Viel Make-up. Ich würde sie gerne treffen. Sprechen. Fragen. Woraufzu. Nicht warum, aber was, was willst du vom Leben, glaubst du an etwas, was noch kommt, was ich nicht weiß, sag es mir.

Weißt du, wo Pawlik ist?

Da ist nichts und alles tut weh
Und die Luftballons in Gelb und Blau reißen sich los von der Leine über dem Hühnerladen
Fliegen um unsere Köpfe

An der Wand steht
Anarchie
und
Freedom of Creep

Das Mädchen vor mir isst rosa Papier aus Süßstoff, um Figur zu halten
Haltung bewahren
Ihr Armbandschmuck fest um das Gelenk, dass kein Blut fließt
Blau
Gesichter
Augen
Keines wie meins
Keines wie Pawliks
Ihre suchenden Augen, ihre hoffenden Augen, ihre Noch-nicht-aber-gleich-Blicke
Dass sie ihrer noch nicht müde sind
Einander und ihrer selbst

Händedruck
Ist Pflicht jetzt
Aufeinanderzukommen
Ich drücke meine Hand
Meine eigene
Übe schon mal
Für den Winter
Stelle mir vor, es ist Pawliks Hand
Drücke den Flyer

Die Welt retten, eine neue
Im Radio reden sie von Gewissen
das heißt, sie wissen was
und ich höre
woraufzu
soll das

Die Aristokraten

für die hoffnungsloseste aller Romantikerinnen

PERSONEN

SASCHA ist jung
SCHURA ist jung

ALEXANDER ist noch nicht begraben

Sascha und Schura sitzen auf der Fensterbank und lassen die Beine baumeln. Sie schauen ins Dunkel. So dunkel, dass man bestimmt nichts erkennen kann außer sich selbst, wenn man nah genug rankommt.

SASCHA Einfach raus?
SCHURA Einfach raus.
SASCHA Und dann?
SCHURA Sag du es mir.
SASCHA –
SCHURA Wenn sie einfach rausgehen.
SASCHA –
SCHURA Ohne Tricks.
SASCHA Ich weiß es nicht.
SCHURA –
SASCHA –
SCHURA Die sehen wirklich aus wie Ratten von hier oben.
SASCHA Als würden sie einen Schwanz hinter sich herziehen, siehst du das? Siehst du? Die wackeln, als würden sie zittern.
SCHURA Und die Zähne fallen raus.
SASCHA Stimmt.
SCHURA Die Arme sind verkrümmt.
SASCHA Komisch, ja.
SCHURA Als wären Knochen falsch zusammengewachsen.
SASCHA Trotzdem schön.
SCHURA Na ja, auf ihre Art.
SASCHA Nein, wirklich schön, ich bin ein wenig verschossen in sie. War ich immer.
SCHURA In wen?
SASCHA Ich bin so verknallt in die manchmal, als wär ich – als wären sie – na ja, ich könnte die alle auf der Stelle –

SCHURA Egal wie eklig die sind?
SASCHA Egal. Die können stinken wie –
SCHURA Scheiße.
SASCHA Ja, die können stinken wie Scheiße und keine Haare auf dem Kopf haben –
SCHURA Und die Zähne fallen aus.
SASCHA Die fallen uns allen aus.
SCHURA Du siehst sehr schön aus.
SASCHA Pscht.
SCHURA Ja, ich –

Sascha küsst ihn.

SASCHA Dein Gesicht –
SCHURA Ich –
SASCHA Wie Menschen manchmal ihr Gesicht nicht kontrollieren können.

Sie sitzen rum und grinsen.

SCHURA Was ist?
SASCHA –
SCHURA Na was?

Sascha grinst.

SCHURA Was? *Er stupst sie an.*
SASCHA Nichts.
SCHURA Na, was?
SASCHA Denke an den heutigen Tag.
SCHURA Ja? Was hast du gemacht?
SASCHA Bin spät aufgestanden. Habe mich gerekelt und gestreckt wie eine Katze, habe in die Kissen gekratzt.
SCHURA Schön.

SASCHA Und war dann lange duschen.
SCHURA Wirklich?
SASCHA Ein bisschen zu heiß.
SCHURA Das klingt gut.
SASCHA Und dann habe ich den ganzen Tag Kaffee getrunken. Richtig lange. Bitteren, heißen Kaffee, dass ich die Augen zukneifen musste, so bitter war der.
SCHURA Milch?
SASCHA Milch? Natürlich nicht. Ohne alles.
SCHURA Kaffeesatz lesen?
SASCHA Ich drehe die Tasse um und bin zu ungeduldig, ich kann nicht warten, bis der Kaffeesatz abkühlt, und wenn er nicht kalt ist, funktioniert es nicht, also lege ich eine Münze auf den Boden der umgedrehten Tasse.
SCHURA Und?
SASCHA Die Münze zieht Wärme aus dem Satz und ich lese meine Zukunft.
SCHURA Muss das nicht ein anderer für dich machen?
SASCHA Gab keine anderen. Hat mein Vater mir beigebracht. Kaffeesatz lesen.
SCHURA Dein Vater?
SASCHA Ja. Mein Vater.
SCHURA Muss ein guter Vater gewesen sein.
SASCHA Ja. Na ja.
SCHURA War er nicht?
SASCHA Doch. Doch war er. Ich war wohl keine gute Tochter.
SCHURA Wieso, was hast du gemacht?
SASCHA Ah. *Sie winkt ab.*
SCHURA Na, sag doch mal.
SASCHA Ist egal. Er ist tot.
SCHURA Stimmt.
SASCHA Wollen wir wetten, wer von denen da unten es schafft?

SCHURA Niemand.

SASCHA Du hast gewonnen.

SCHURA Und was?

SASCHA Sollen wir spazieren gehen?

SCHURA Wohin? Einfach hier so?

SASCHA In den Park, da hinten, siehst du? Dort.

SCHURA Ist es nicht ein bisschen weit?

SASCHA Nein, lass uns dahin.

SCHURA Wieso?

SASCHA Da ist ein verlassener Jahrmarkt.

SCHURA Da drüben?

SASCHA Keine Besucher mehr, jetzt kann man einfach aufs Gelände. Man kann machen, was man will, in alles reinklettern, Gruselbahn –

SCHURA Aber die läuft nicht –

SASCHA Nein, die läuft nicht, aber gruselig ist es trotzdem.

SCHURA Was noch?

SASCHA Schießstände.

SCHURA Großartig.

SASCHA Und wir können auf den Achterbahngleisen laufen, mal sehen, wie hoch du klettern kannst.

SCHURA Ich habe Höhenangst.

SASCHA Im Ernst?

SCHURA Ja.

SASCHA Das habe ich nicht gewusst.

SCHURA Na ja.

SASCHA Dann muss das hier jetzt für dich echt schlimm sein.

SCHURA Ein bisschen.

SASCHA Dass du überhaupt runterschauen kannst.

SCHURA Nicht so wirklich.

SASCHA Wettest mit mir ins Blinde.

SCHURA Na ja, jetzt ist es egal.

SASCHA Guck mal, kannst du wenigstens deine Schuhe erkennen?

SCHURA Ich will nicht –

SASCHA Nein, guck doch mal, guck doch mal grad runter.

SCHURA Tu ich doch.

SASCHA Tust du gar nicht. Du schummelst.

SCHURA Mir ist schwindlig.

SASCHA Guck mal runter.

SCHURA Will ich nicht.

SASCHA Guck mal runter.

SCHURA Ist ja gut.

SASCHA Guck runter.

SCHURA Ich habe Angst runterzufallen.

SASCHA Gott wird dich auffangen.

SCHURA Sei nicht gemein.

SASCHA Doch, ganz bestimmt.

SCHURA Fass mich bitte nicht an.

SASCHA Glaubst du nicht?

SCHURA Ehrlich gesagt ist Gott der Letzte, über den ich reden will.

SASCHA Wieso? Was hat er dir getan?

SCHURA Nicht viel. Das ist das Problem.

SASCHA Verstehe.

SCHURA –

SASCHA Ja. Entschuldige. *Sie kichert.* Ist doch egal, oder? Nicht mal er kann jetzt was tun.

SCHURA –

SASCHA Was nicht heißt, dass ich an ihn glaube. Alle, die an ihn geglaubt haben, sind als Erste draufgegangen. Und ich lebe. Besser ohne ihn.
Hörst du die Schüsse? Ich frage mich, ob sie nicht eigentlich schon längst weg sind und ich sie immer noch höre wie einen Tinnitus. Und sie sind weiter-

gezogen. In ein anderes Gebiet. Hier ist nichts. Nicht mal Gott kommt jetzt vorbei, in so eine Gegend will nicht einmal er. Der hat hier Champagner gesoffen mit uns und hat sich verpisst, als der Champagner alle war. Ich glaube nicht an Gott, aber ich habe Angst vor den Konsequenzen, sagt man ja so schön. Ich schaue hoch und empfinde auch keine Demut, ich empfinde keine Scham oder Ehrfurcht oder was man so zu empfinden hat, wenn man hochschaut in den Arsch Gottes, aber ich glaube trotzdem an ihn, so ist es. Sonst würde ich nicht von seinem Arsch reden. Ja.
Ich wünsche, dass jemand kommt und uns befreit. Dass eine Horde Panzer über uns alle fährt. Egal wer. Hier fallen mal die einen ein, dann die anderen. Plündern, töten, alles trieft. Das sind doch keine Menschen. Sind das Menschen? Ich finde, man kann sie alle erschießen, denn es sind keine. Auf Tiere muss man schießen, wenn sie wild geworden sind.

Sie schauen sich an.
Es klopft.

SASCHA Ich gehe mal aufmachen.

Sie steht auf und humpelt zur Tür, macht auf, vor der Tür steht Schura.
Es geht von vorne los.

SCHURA BUH!
SASCHA –
SCHURA So schlimm?
SASCHA Was?
SCHURA Seh ich so schlimm aus?
SASCHA Nein.

SCHURA Dann lass mich rein.
SASCHA Ja, ich –
SCHURA Pscht.

Schura geht rein und inspiziert sofort die Wohnung, schnüffelt in jeder Ecke, schaut durch die Jalousie.

SCHURA Hättest dein Gesicht mal sehen sollen.
SASCHA Ich –
SCHURA Das hasse ich am meisten, wenn man in den Gesichtern lesen kann, wie man aussieht.
SASCHA Du siehst nicht –
SCHURA Ist niemals gut.
SASCHA Tut mir leid.
SCHURA Was für eine Wohnung! Wie viele Zimmer sind es? Fünf? Hast du allen Ernstes fünf Zimmer? Das glaub ich nicht. Und dann auch noch hier. Früher hast du in diese Gegend – Ich hab – Ich bin zu Fuß die ganze Strecke, was für ein Scheiß, verfickte Scheiße, kein Wunder, dass du mich so anschaust, sehe aus wie ein Penner.
SASCHA Ich –
SCHURA Verdreckt. Und stinke. Ich stinke, oder? Scheiße, ich stinke wie Scheiße. Hast du – Kann ich deine Dusche benutzen? Ich geh erst mal duschen, oder, sonst brichst du mir noch ins Gesicht, so wie du mich ansiehst. Hast du Wasser?
SASCHA Tu ich nicht.
SCHURA Scheiße.
SASCHA Wasser habe ich. Ich seh dich nicht so an, meine ich.
SCHURA Schon gut.
SASCHA Ich habe dich –
SCHURA Ja, ich weiß.

SASCHA Gott.
SCHURA Du sagst es.
SASCHA –
SCHURA Ja.
SASCHA Ja.
SCHURA Ja, keine Ahnung –
SASCHA Ja.
SCHURA Scheiße. Entschuldige, das war jetzt –
SASCHA Hi.
SCHURA Hi.
SASCHA Hallo.
SCHURA Willst du mal – mich – *Er macht eine Geste der Umarmung.*
SASCHA Ja.
SCHURA Ne, schon gut, musst du nicht.
SASCHA Doch, doch, ich würde gern –
SCHURA Vielleicht dusche ich erst –
SASCHA Gerne – Darf ich –

Sie umarmt ihn, er weiß gar nicht, worum bei ihr die Arme legen, steht da und schaut sie an, wie sie ihn kurz festhält.

SCHURA Danke.
SASCHA Gerne.
SCHURA Das war schön.
SASCHA Mhm.
SCHURA Echt schön, echt.
SASCHA Ja.
SCHURA Ja, schon irre, oder.
SASCHA Du hast keine – Dir ist nichts passiert, oder?
SCHURA Weiß auch nicht, wie ich das gemacht habe.
SASCHA Du hattest Glück.
SCHURA Witzig oder? Eine verlassene Insel. Erinnerst du dich an das türkisblaue Wasser? An diese ganzen

Frauen oben ohne, die in Zeitlupe aus diesem Wasser – Und jetzt sind Panzer am Strand und das Wasser ist pissgelb, pissen die da rein, oder was, ich verstehe das nicht. Eine geteilte Stadt. Ich mein, wir waren schon immer geteilt. Das wusste ich, weil es dich gab. Durch dich wusste ich, dass wir geteilt sind. Ich hatte das Gefühl, es ist meine Stadt, sie gehört mir, und dann kamst du. Und jetzt, zum ersten Mal, Sascha, gehört sie dir. Zum ersten Mal gehört dir etwas. Was für eine Wohnung. Was soll ich sagen – Wie kommst du hier rein?

SASCHA Ich hätte nicht gedacht, dass du kommst.

SCHURA Ich weiß nicht, wann die Haare angefangen haben auszufallen, vielleicht liegt das in der Familie, Penisabbruch, Penisabfall – Aber die Zähne fallen uns bald allen aus. Ohne einen Apfel am Tag auch keine hübschen Zähnchen, kannst dich schon mal von denen verabschieden. Hast sie umsonst zwei Mal am Tag geputzt. Und Zahnseide – *Er prustet los.* Und Mundwasser – *Lachanfall.* Ist das nicht traurig, alles umsonst? Liebe Zahnfee, ich lege dir jetzt mein Gebiss unter das Kopfkissen, kannst du mir dafür eine Tonne Gold mitbringen? Oder einfach eine Kalaschnikow? *Er kann kaum aufhören zu lachen.* Mundwasser –

SASCHA Was ist in der Tüte?

SCHURA Was?

SASCHA Was hast du mir mitgebracht?

SCHURA Mundwasser. *Er lacht.*

SASCHA Was ist es?

SCHURA Hast dich nicht verändert. Verrückt nach Geschenken. Es ist – was zu Essen.

SASCHA Damit macht man keine Scherze.

SCHURA Und wenn's stimmt.

SASCHA Nicht witzig.

SCHURA Todernst.
SASCHA Du lügst.
SCHURA Ja klar.
SASCHA Na dann gib doch her.
SCHURA Rate, was es ist.
SASCHA Gar nichts, wahrscheinlich.
SCHURA Ein Diamant.
SASCHA Was soll ich damit?
SCHURA Weiß nicht, lag auf der Straße, dachte, bring ich dir mit.
SASCHA Kann ich nicht essen.
SCHURA Wenn man Hunger hat, isst man alles.
SASCHA Das ist ein dummer Scherz.
SCHURA Ja, ich weiß.
SASCHA –
SCHURA –
SASCHA Warum bist du allein gekommen?
SCHURA Sollte ich eine Armee mitbringen?
SASCHA Ich dachte –
SCHURA Du dachtest falsch.
SASCHA –
SCHURA –
SASCHA Wollte er nicht?
SCHURA Ich habe ihn nicht gefragt.
SASCHA Das glaube ich dir nicht.
SCHURA Ging nicht.
SASCHA Das glaube ich dir nicht.
SCHURA Dann glaub's eben nicht.
SASCHA Du hast ihn nicht allein gelassen.
SCHURA Nein.
SASCHA Du hättest ihn mitbringen können.
SCHURA Hätte ich nicht.
SASCHA Jetzt, wo ich in dein Gesicht schaue, denke ich – ich würde ihn gerne sehen.

SCHURA Er ist tot.

SASCHA –

SCHURA –

SASCHA Stimmt nicht.

SCHURA Bist du hingegangen und hast nachgeschaut?

SASCHA Du würdest nicht einfach herkommen und sagen, er ist tot.

SCHURA Warum nicht?

SASCHA Weil. Das würdest du nicht.

SCHURA Tu ich aber. Und jetzt will ich mit dir darauf was essen. Leichenschmaus.

Sie schauen sich an. Während Schura weiterhin das Zimmer inspiziert, schmeißt er ihr ein Päckchen hin. Es ist sorgfältig verpackt, fast wie ein Weihnachtsgeschenk. Sie öffnet es vorsichtig und holt das Geschenk hervor. Es lebt noch.

SCHURA Gott sei Dank ist er nicht zu früh abgekratzt, um zu sehen, was für eine Welt er seinen Kindern hinterlässt.

SASCHA Was ist das?

SCHURA Fisch.

SASCHA Fisch.

SCHURA Sieht er nicht so aus?

SASCHA Doch.

SCHURA Na also.

SASCHA Wo hast du ihn her?

SCHURA Gefunden.

SASCHA Wo hast du ihn her?

SCHURA Ich sag doch, du kannst alles finden. Alles findest du auf den Straßen, das kommt aus dem Boden.

SASCHA Aus dem Boden.

Sascha starrt den Fisch fassungslos an.

SASCHA Dann kochen wir jetzt.
SCHURA Ja. Ich dachte.
SASCHA Wir kochen und –
SCHURA Ich wusste, ich brauche dir nicht mit leeren Händen zu kommen, also habe ich diesen Fisch, na ja – Ist einfach schön dich zu sehen.
SASCHA –
SCHURA Zitterst du?
SASCHA Ich setze Wasser auf.

Sie setzt Wasser auf, holt einen Topf, ihre Hände zittern vor Hunger und sie humpelt stark, versucht sich nichts anmerken zu lassen, und Schura tut so, als würde er es nicht sehen. Ab jetzt dreht sich alles um den Fisch. Penibelste Vorbereitung, schwer die Augen davon loszureißen.

SCHURA Diese Schreie, ich höre sie nicht mehr, ich sehe sie. Ich sehe, was passiert, auch wenn die Straßen leer sind.
SASCHA Ja.
SCHURA Gehst du raus?
SASCHA Man muss ab und zu.
SCHURA Zum Essenholen?
SASCHA Ja.
SCHURA Na ja. Gut.
SASCHA Was?
SCHURA Essen muss man.
SASCHA Na ja.

Sie versuchen die Augen vom Fischzubereiten abzuwenden und sich anzuschauen.

SCHURA Wie kommst du an Essen?
SASCHA Ich kenn da einen vom Markt.
SCHURA Ist doch vollständig zerstört, dachte ich.
SASCHA Er kriegt noch was.
SCHURA Und was gibst du ihm dafür?
SASCHA Halt kurz die Fresse. Okay.
SCHURA Sowas machst du?
SASCHA Essen muss man.

Sie schauen sich an.

SCHURA Ach Quatsch, das machst du niemals.
SASCHA Warum nicht?
SCHURA Na, weil – du –
SASCHA Genau.
SCHURA Ich will nicht, dass du so was machst.
SASCHA Aha.
SCHURA Mach das nicht.
SASCHA Aha.
SCHURA Im Ernst jetzt.
SASCHA Klar, wenn du das sagst.
SCHURA Bitte.
SASCHA Danke.

Sie schauen sich an, dann prustet er los.

SCHURA Die Hure mit nur einem Bein. Da gab's doch ein Lied –
SASCHA Ich bin keine –
SCHURA Ne, entschuldige, aber es ist lustig –
SASCHA Schwein.

Kochen, auch wenn es nicht viel zu kochen gibt. Es gibt nur den Fisch und das kochende Wasser.

SCHURA Hast du Gewürze?

SASCHA Was für Gewürze?

SCHURA Kräuter der Provence oder sowas. Gewürze hat man doch immer.

SASCHA Klar. Bedien dich.

SCHURA Und Fenchel?

SASCHA So viel du willst.

SCHURA Halbieren Sie eine Fenchelknolle und schneiden Sie sie in ein Zentimeter breite Scheiben. Schälen Sie die Zucchini und schneiden Sie sie in Würfel.

SASCHA Wenn wir hier fertig sind, gehen wir hin und holen ihn.

SCHURA Er ist tot.

SASCHA Weißt du noch, wie er uns dieses Märchen von der Suppe aus der Axt erzählt hat? Ein Soldat kehrt aus dem Krieg zurück. Er stirbt fast vor Hunger. Er kommt an das Haus einer alten, geizigen Frau. Er sieht, dass sie was zu essen hat, aber ihre Vorräte versteckt, also sagt er: Mütterchen, ich brauche nichts, ich kann auch eine Suppe aus der Axt machen und sie essen. Und die geizige Oma wird so neugierig, wie diese Suppe aus einer Axt geht, dass sie ihn reinlässt.

SCHURA Er hätte die Alte mit der Axt klein machen sollen und dann in Ruhe essen, der Depp.

SASCHA Jetzt mach das nicht kaputt.

SCHURA Entschuldige.

SASCHA Wenn wir hier fertig sind, gehen wir hin und holen ihn.

SCHURA Du hörst mir nicht zu.

SASCHA Die Alte lässt ihn rein. Und er nimmt einen großen Topf, schmeißt die Axt da rein und schmeckt ab. Und, fragt die Oma, ist schon fertig? Nein, noch nicht, da fehlt was – Vielleicht ein wenig Kartoffel? Hast du das, Mütterchen? Und die Oma: Ja, ja, sicher, und bringt ihm Kartoffeln, die er reinschmeißt. Und dann schmeckt er wieder ab und schüttelt den Kopf: verflixt und zugenäht, da fehlen Möhren, ja! Das war es, was gefehlt hat. Also schmeißen sie Möhren rein – Wenn wir hier fertig sind, gehen wir und holen ihn.

SCHURA Es ist echt so schön dich zu sehen.

Sie schauen sich an.

SCHURA Sascha?

SASCHA Hm?

SCHURA Kann ich deine Dusche benutzen?

SASCHA Was, meine Dusche?

SCHURA Ja.

SASCHA Meine Dusche?

SCHURA Sie geht noch?

SASCHA Ja.

SCHURA Darf ich? Wäre das nicht schön, wenn wir gleich zusammen diesen Fisch essen und dazu etwas trinken – Hast du was zu trinken da?

Sascha schüttelt den Kopf.

SCHURA Genau. Wir trinken was und machen es uns schön. So richtig schön, ich frisch geduscht. Es ist so schön dich zu sehen. Echt.

SASCHA Und danach gehen wir hin und schauen nach ihm.

SCHURA Gibt's einen Trick oder sowas?

SASCHA Was für einen Trick?

SCHURA Ich hasse das, wenn du drin stehst, nackt und eingeseift, und das Wasser wird nicht richtig heiß oder kommt nur in so einem dünnen Strahl oder in Druckwellen, oder es wird mittendrin braun, jede Dusche hat einen Trick, das Zauberwort, damit man in Ruhe duschen kann, das brauche ich jetzt, so eine Dusche aus Gold, so eine magische Dusche, so eine kalte Kacke kann ich gerade nicht haben irgendwie, also, was ist das Zauberwort?

SASCHA Es gibt keins.

SCHURA Na komm schon.

SASCHA Schnipse drei Mal mit den Fingern.

SCHURA Die Dusche funktioniert?

SASCHA Sie funktioniert.

SCHURA Ich hatte seit weiß ich nicht – Ich brauch das jetzt.

SASCHA Keine Tricks.

SCHURA Die ganze Welt ist am Arsch, aber deine Dusche funktioniert ohne Probleme?

SASCHA Die ganze Welt ist am Arsch, und du willst duschen gehen.

SCHURA Der Strahl ist in Ordnung?

SASCHA Ganz fabelhaft.

SCHURA Und die Temperaturregelung? Pestizide?

SASCHA Du musst sie ja nicht ablecken.

SCHURA Nein.

Schura fängt an sich auszuziehen.

SCHURA Ich bin an einer Bank vorbei. Lag auf dem Weg. Ich habe reingeschaut. Die Eingänge der Lobbys, vor den Automaten, überall liegen Menschen. Das, was von ihnen übriggeblieben ist. Warum versammeln sie sich um diese Maschinen, die nicht gehen, als wäre das ein verabredeter Ort, oder was ist das, was sie dahin zieht? Ihr Geruch, ich hätte fast gekotzt, auf die Körper drauf gekotzt, sie machen Geräusche wie Tiere ohne Zungen, wie Insekten zirpen sie, als wären ihre

Lungen durchlöchert oder sowas, ein Gestank steht im Raum, er steht noch auf der Straße.

Ich dachte an diesen heißen Sommer, als wir nachts die Fenster offenließen und Filme geguckt haben, und weißt du noch, wie eklig das war, diese Stelle an der Wand, wo das Licht von der Stehlampe hinfiel? Und wo so schwarzes Ungeziefer war, die sind alle zum Licht geflogen und haben angefangen, sich da zu vermehren, immer mehr, es wurden immer mehr, haben es sich so richtig gemütlich gemacht in diesem Lichtfleck an der Wand. Und sie summten immer lauter und wir schielten rüber und haben uns geekelt. Wir waren so angeekelt von denen, und dann eines Nachts bist du aufgestanden, ins Bad gegangen, hast eine Flasche Haarspray genommen und ein Feuerzeug, und dann hast du dieses ganze schwarze Pack abgefackelt. Hast das Haarspray durch die Flamme und wie mit einem Bunsenbrenner das ganze Ungeziefer von der Wand gebrannt. Und als ich an diesen ganzen Bergen von stinkenden Körpern vorbeiging, musste ich daran denken. Hatte das Bild von dir mit der Haarsprayflasche. Dachte, du würdest mich vor denen beschützen. Vor den Kranken, vor den Toten, vor den Ekligen.

Ich hatte Angst, dass eine der Mütter noch wach ist, noch wach ist und mich um Geld anflehen wird für ihr Kind, das sie an die Brust hält, das wahrscheinlich schon tot ist, aber dann ist mir eingefallen: Das ist völlig absurd, warum sollte sie mich um Geld anflehen, es gibt keins mehr. Das wurde mir zum ersten Mal wirklich klar. Die Währung ist gestiegen, dass die Nullen nicht mehr auf den Zettel gepasst haben. Dann sind die Zettel in ihren Händen explodiert und haben die Hände gleich mitgenommen. Und Augen. Und ich entspannte mich, habe ruhig ausgeatmet.

Ich bin ein viel besserer Mensch, seit es nichts mehr gibt. Glaub mir.

Denkt nach, will noch was sagen, geht duschen.

Sascha steht im Zimmer herum. Sie sammelt Schuras Sachen ein, riecht daran, ist angeekelt, überlegt wohin damit, packt sie in eine Mülltüte und verstaut sie im Schrank. Dann legt sie Schura frische Sachen raus. Ihre Sachen. Genau das gleiche Shirt und die gleiche Hose, die sie trägt.
Sie starrt auf den Topf mit dem kochenden Fisch. Sie versucht, nicht in das kochende Wasser zu greifen, den Fisch rauszuholen und ihn aufzuessen. Sie starrt auf den Fisch.
Dann geht sie zum VHS-Rekorder und schiebt eine andere Kassette ein und schaut Cartoons: Donald Duck »Der Fuehrer's Face«, South Park, die Folge, in der Cartman den ›Aristocrats‹-Witz erzählt, »Nu pogodi« und japanische Pornos.
Sie schielt immer wieder zum Topf.

Schura kommt zurück.
Er zieht sich an. Er sieht aus wie jemand anderes. Er sieht aus wie Sascha.

SASCHA Können wir essen und dann nachschauen, wie es ihm geht?

Sie schauen sich an.

SCHURA Ich bin unten am Wasser gewesen, bin durch die Straßen, vorbei an dem Antiquitätenladen, wo wir damals unsere Möbel gekauft haben, weißt du noch?
SASCHA Ja.
SCHURA Habe da einen Stricher aufgegabelt.
SASCHA Stricher.

SCHURA Es gibt immer hungrige Leute.

SASCHA Und was hat der Stricher gesagt?

SCHURA Der hat nichts gesagt, der war völlig am Ende. Ich glaube, der ist jetzt tot.

SASCHA Warum erzählst du mir das?

SCHURA Da kam mir eine Idee. Der hat mir leidgetan. Von dem war nicht viel übrig und nein, ich habe ihn nicht gefickt, ich habe ihm was zu essen besorgt. Und dann dachte ich an dich.

SASCHA Süße Geschichte.

SCHURA Ich würde mit dir von vorn anfangen. Mit dieser Stadt. In dieser Stadt. Was denkst du?

SASCHA Ich denke, du bist ein kranker Idiot.

SCHURA Abgesehen davon.

SASCHA Ich verstehe nicht, was du willst.

SCHURA Wenn alle gehen, könnten wir bleiben.

SASCHA Und dann?

SCHURA Dann sind wir da. Neuanfang.

SASCHA Neuanfang?

SCHURA Und wir machen was draus.

SASCHA Du und ich?

SCHURA Ja.

Sascha prustet los.

SASCHA Darum bist du gekommen.

SCHURA Ist das so komisch?

SASCHA Ja.

SCHURA Ich will, wenn das hier vorbei ist, was machen, und das mit dir.

SASCHA Wie, was machen?

SCHURA Wir können nirgendwohin, das ist das letzte Stückchen, was uns gehört. Lass uns daraus was machen. Etwas aufbauen.

SASCHA Und was?

SCHURA Das denken wir uns gemeinsam aus.

SASCHA Du weißt es nicht.

SCHURA Ich will mit dir.

SASCHA Ich habe dieses Land schon immer so gesehen, wie es ist. Dir fällt es erst jetzt auf, aber für mich war es ein Stück Dreck, aus dem ich raus wollte.

SCHURA Ich will nicht aufgeben. Was anderes wäre aufgeben.

SASCHA Ich kann gehen.

SCHURA Klar, schau dich an.

SASCHA Der Typ vom Markt.

SCHURA Was ist mit ihm?

SASCHA Ich habe Papiere.

SCHURA Blödsinn.

SASCHA Ich werde gehen.

SCHURA Wohin?

SASCHA Ist doch egal, wohin.

SCHURA Du lügst.

SASCHA Ich habe viel für die Papiere bezahlt.

SCHURA Kann ich mir vorstellen.

SASCHA Und ich gehe.

SCHURA Zeig sie mir.

SASCHA Warum kommst du jetzt, ausgerechnet jetzt, wo ich gehe?

SCHURA Ich glaube dir nicht.

SASCHA Ich hätte nicht gedacht, dass du kommst.

SCHURA Warum sollten wir in irgendeinem Land dieser Erde wie das letzte Ungeziefer herumkriechen, damit die anderen uns von der Wand brennen, anstatt hierzubleiben und dieses hier wiederaufzubauen.

SASCHA Dich hat keiner eingeladen.

SCHURA Aber es muss weitergehen.

SASCHA Damit es weitergeht, darf es uns beide nicht mehr geben.
SCHURA Wann gehst du?
SASCHA Warum glaubst du, dass ausgerechnet mit mir etwas geht?
SCHURA Du hast den Fisch nicht gegessen.
SASCHA Was?
SCHURA Du hast den Fisch nicht gegessen, als ich duschen war.
SASCHA Hast du das erwartet?
SCHURA Du hast auf mich gewartet mit dem Fisch.
SASCHA War das ein Test?
SCHURA Wir fangen an, Leute von der Straße hier mit aufzunehmen. Du hast so viel Platz.
SASCHA Willst du ein Hotel aufmachen, wo Touristen gucken können, wo die Massengräber liegen?
SCHURA Wir müssen irgendwo anfangen.
SASCHA Wir fangen an, indem wir jetzt losgehen und nach ihm schauen.
SCHURA Er ist tot.

Sie schauen sich an.

SCHURA Kann ich deinen Fuß sehen?
SASCHA Was willst du sehen?
SCHURA Wie er aussieht.
SASCHA –
SCHURA Wie ist es passiert?
SASCHA Können wir jetzt essen?
SCHURA Ist er gebrochen?
SASCHA –
SCHURA Ganz durch?
SASCHA Ja, ganz durch.
SCHURA Tut es weh?

SASCHA Wahrscheinlich sind die Knochen jetzt anders zusammengewachsen.
SCHURA Darf ich mal anfassen?
SASCHA Nein. Es tut weh, was willst du anfassen.
SCHURA Hast du eigentlich Angst vor mir?
SASCHA Wie bitte?
SCHURA Hast du Angst wegen der Schmerzen?
SASCHA Was meinst du?
SCHURA Ich kenne ein Zauberwort, dann sind sie wieder heile.
SASCHA Warum sollte ich Angst vor dir haben?
SCHURA Willst du das Zauberwort nicht wissen?
SASCHA Arschloch.
SCHURA Ich verrate es dir und kann dann hierbleiben.
SASCHA Du kannst hierbleiben.
SCHURA Und du bleibst auch hier.
SASCHA Warum sollte ich?

Er versperrt ihr den Weg.

SASCHA Ich kann dich auch wieder rausschmeißen.
SCHURA Kannst du nicht. Ich bin stärker als du.
SASCHA So einfach ist das?
SCHURA Weißt du noch, hat Papa erzählt – die fand ich gut – Sohn, du brauchst keine Vorräte. Was du brauchst, ist eine Waffe. Wenn du das Haus voller Vorräte hast, und es steht jemand mit einer Waffe vor der Tür – wer hat dann gewonnen?
SASCHA Ich habe keine Waffe und will niemanden retten, also vielleicht kannst du einfach die Klappe halten und wir essen und dann gehst du wieder, ist mir egal.
SCHURA Ich habe an dich gedacht. Als es losging. Habe ich an dich gedacht. Als die Telefonleitungen gekappt

wurden. Als die Straßen zu waren. Als die Schreie anfingen. Als ich nicht mehr zu dir konnte, wollte ich unbedingt zu dir.

SASCHA Und?

SCHURA Dann habe ich gedacht, wenn ich überlebe, komme ich dich besuchen.

SASCHA Ich finde es ekelhaft.

SCHURA Mich?

SASCHA Dass wir überlebt haben. Es wird wahllos geschossen. Frauen, die rausgehen, sind selber schuld. Dass ausgerechnet wir – Und was machen wir jetzt?

SCHURA Fisch kochen.

SASCHA Es ekelt mich an.

SCHURA Willst du keinen Fisch essen?

SASCHA Mir ist übel.

SCHURA Dann iss ihn nicht. Ich esse ihn gerne ganz.

SASCHA Es ekelt mich. Du hier. Unversehrt. Alle sind tot und du bist hier und wir kochen.

SCHURA Dann hau doch ab. Ich esse.

Er schupst sie weg. Sie versucht zurück zum Herd zu gelangen.

SCHURA Wenn du nicht willst, willst du nicht.

SASCHA Lass das.

SCHURA Komm. Geh.

Sascha beißt ihn. Schura schupst sie um.
Er hält Sascha fest, sie versucht sich loszumachen.
Er fesselt sie.
Dann legt er den Fisch auf einen Teller. Setzt sich vor Sascha hin, nimmt den ersten Bissen. Er stöhnt vor Genuss. Überlegt noch kurz. Geht zum Kühlschrank.

SCHURA Sascha, Sascha!

Er holt eine Champagnerflasche aus dem Kühlschrank.

SCHURA Was ist denn das?
SASCHA –
SCHURA Im Ernst jetzt?
SASCHA –
SCHURA Champagner?!
SASCHA –
SCHURA Jean-Jacques Cattier?
SASCHA –
SCHURA Der Jean-Jacques Cattier?
SASCHA –
SCHURA 1918.
SASCHA –
SCHURA Das ist –
SASCHA –
SCHURA Boah, Sascha!
SASCHA –
SCHURA Jean-Jacques Cattier?
SASCHA –
SCHURA Was machst du hier alleine, in dieser Gegend, mit einem 1918er Jean-Jacques Cattier?
SASCHA –
SCHURA Du lebst hier in dieser Gegend mit Jean-Jacques Cattier?
SASCHA –
SCHURA Na sag doch mal.
SASCHA –
SCHURA Darf ich den aufmachen?
SASCHA –
SCHURA Ach, bitte, darf ich den aufmachen. Der passt gut zum Fisch, im Ernst jetzt, ich könnte mir jetzt kein besseres Getränk vorstellen.
SASCHA –

SCHURA Ich muss dir was sagen. Der Krieg ist etwas Wunderbares. Er gebiert solche Sachen wie den Jean-Jacques Cattier. Und uns. Gewissermaßen.
Überleg doch mal – du kannst tun, was du willst, und niemand kommt dich holen. Er ist tot, Sascha. Ich habe ihn umgebracht.

Schura bindet sie los, packt sie an den Haaren, zerrt sie zur Tür und schmeißt sie aus der Wohnung.
Sascha klopft von außen. Panisch. Sie schreit. Sie kratzt an der Tür wie ein Tier.
Schura geht wieder zu der Flasche Cattier. Schüttelt den Kopf. Stellt sie wieder in den Kühlschrank. Schaltet den Fernseher an. Macht lauter. Er überlegt, ob er zu den Cartoons masturbieren soll. Er lässt es, er liegt auf dem Bett, dann geht er zur Tür und macht auf.

SASCHA Raus. RAUS RAUS RAUS.
SCHURA Kaum lässt man dich rein, schon schreist du rum.
SASCHA Hast du ihn aufgegessen?
SCHURA Ja.

Sascha schreit.

SCHURA Nein. Guck doch.

Sascha stürzt sich auf den Teller mit dem Fisch, fängt an zu schlingen.

SCHURA Guten Appetit.
SASCHA Krankes Arschloch.
SCHURA Schling nicht so, das ist nicht gut für den Magen.

SASCHA Warum isst du nicht?
SCHURA Ist das eine Einladung?
SASCHA *hält inne* Ist da irgendwas drin in dem Fisch?
SCHURA Gräten?
SASCHA Ist er schlecht?
SCHURA Keine Ahnung, ist er?
SASCHA Warum isst du nicht?
SCHURA Ist gegen meine Prinzipien.

Sascha hört auf zu essen.

SASCHA Vergiftest du mich?
SCHURA Was? *Lacht.*
SASCHA Was wird das?
SCHURA *lacht* Du bist so lächerlich.
SASCHA Was ist da drin in dem Fisch?
SCHURA Na weiß ich doch nicht, *du* isst ihn.
SASCHA Warum isst du nicht?

Schura geht langsam auf Sascha zu, kniet auf den Boden neben sie, nimmt eine Gabel, führt ein Stück Fisch zum Mund, kaut, schluckt, lacht sich tot, isst ruhig weiter und lacht.

SASCHA Du bist so krank.
SCHURA Selber schuld, wenn du mich reinlässt. Jetzt bin ich hier.
SASCHA Ich will, dass du gehst!
SCHURA Und wie willst du das anstellen?
SASCHA Was?
SCHURA Du bist damals zu mir rein. Jetzt komme ich zu dir. Ich finde das fair.
SASCHA Ich zu dir rein?
SCHURA Du hattest nie ein Anrecht auf das, was du hattest. Du warst geduldet, mein Vater hat dich aus Mit-

leid genommen oder weil er ein perverses Schwein war, statt einer Frau eine Tochter zu nehmen. Und du hast so getan, als gäbe es keine Unterschiede zwischen uns. Das habe ich dir nie gesagt, aber ich glaube, mich hat das beeindruckt. Deine Dreistigkeit. Schon als Kind.

Sascha schlägt ihn so hart sie kann.

SASCHA Warum bist du gekommen?
SCHURA Du bist die Letzte, die übrig ist.
SASCHA Von wem?
SCHURA Von mir.
SASCHA Kannst du gehen, bitte. Bitte.
SCHURA Lass uns den Cattier nehmen und aufs Dach, Sterne gucken.
SASCHA Du bist so krank.
SCHURA Ich glaube, so habe ich mir immer meinen letzten Tag ausgemalt. Mit dir. In meiner Fantasie von der scheiß Apokalypse war ich bei dir. Und das war es. Und das ist ganz okay für mich so. Selbst wenn wir beide hier verdursten, uns in Stücke reißen, ich dir dein Bein abreiße, willst du, kann ich, wenn es so weh tut, ich reiße es dir heraus und ersetze es durch etwas anderes – was du willst? Ein Gewehr, ein Stuhlbein, die Cattier-Flasche, mich? Ich bin jetzt auch Krüppel, Krüppel und Krüppel macht fast einen ganzen Menschen. Ich kann mich da in dich rein jagen. Das könnte gehen. Ich reiße dir ein Stück raus und setze mich stattdessen ein und vielleicht gehen wir dann aufs Dach und trinken den unglaublichen, einmaligen 1918er Jean-Jacques Cattier, der gemacht wurde zum schlimmsten Zeitpunkt der Menschheitsgeschichte, um den Menschen wieder Freude am Leben zu geben.

Sie sitzen da, ewig lange, starren irgendwohin oder in den Fernseher.

SASCHA Also da ist diese Familie und sie geht rein in das Büro des Talent-Show-Agenten. Vater, Mutter, zwei Kinder, ihr Hund und ihr Affe. Und der Mann sagt, ich habe den Sketch, den Sie suchen. Das ist die Nummer aller Zeiten, glauben Sie mir. Sie werden sie lieben. Und der Agent sagt, na dann lassen Sie mal hören. Und der Mann sagt, nein nein, das muss man sehen, das ist ein Live-Act, wir zeigen es Ihnen. Und der Agent sagt, okay, und die Familie arrangiert sich kurz, die Kinder gehen hinter den Schrank mit dem Hund und dem Affen. Mann und Frau fangen an, langsam miteinander zu tanzen, es erklingt die zarte Serenade No. 10 in Dur – der Sohn spielt sie auf dem Klavier von hinter dem Schrank, der Affe macht sich eine Fliege um den Hals und serviert dem langsam tanzenden Paar auf einem Silbertablett leichten Weißwein, das Paar tanzt und trinkt, der Affe steht gefügig daneben, dann fangen sie an, sich gegenseitig langsam auszuziehen. Der Mann streift der Frau das Oberteil langsam über den Kopf und ihre Haare fallen ihr in den Nacken, sie zieht ihm langsam die Krawatte aus, dann knöpft sie sein Hemd auf, dann seine Hose. Die Frau legt sich auf den Rücken, der Mann masturbiert in ihren Mund, der Hund kommt rein, er fängt an die Mutter zu ficken, die Tochter kommt rein, sucht ihren entlaufenen Hund, sie findet ihn im Arsch ihrer Mutter, sie zieht sich aus, kniet nieder, fängt an, das Arschloch von dem Hund zu lecken, der Sohn kommt rein, zieht sich aus und fängt an abwechselnd die Möse und das Arschloch von seiner Schwester zu rammeln, der Affe spendiert mehr Weißwein für alle, das ganze Ar-

rangement fängt an zu kreisen, Vater in Tochter, im Hund, der Affe macht mit auf der Mutter, die es dem Sohn macht, irgendwann sind alle so glücklich, dass sie ihre Schließmuskel nicht kontrollieren können, sie scheißen sich gegenseitig an, sie scheißen auf den Boden, auf die Möbel, einander in den Mund und kotzen alles wieder aus und kotzen und kotzen und kotzen und irgendwann ist der Raum so voll mit ihrem Glück, dass sie anfangen darin zu schwimmen, und der Affe macht Gurgelgeräusche.
Der Agent ist sichtlich begeistert und klatscht in die Hände. Wie nennen Sie Ihre Nummer, fragt er den Mann. Der Mann schnippt mit den Fingern: Die Aristokraten!

Sie lacht sich kaputt, er nicht.

SCHURA Das ist abartig.

Sie lacht.

SCHURA Ich hab's nicht verstanden.

Sie lacht.

SCHURA Das ist bescheuert, im Ernst jetzt, jetzt hör auf zu lachen.

Sascha braucht noch eine Weile, sie hört langsam auf.

SASCHA Ein Klassiker. Das ist der letzte Witz der Welt.

Schura winkt ab.

SASCHA Du kannst dir alles selber ausdenken, du musst nur sagen: Eine Familie kommt in das Büro eines Talent-Show-Agenten – Und wie nennst du die Nummer? *Sie schnippt mit den Fingern.* Die Aristokraten!

SCHURA Das heißt, das in der Mitte ist ganz allein von dir, wie schön.

SASCHA Jap.

SCHURA Glückwunsch.

SASCHA Danke.

Sie sitzen da und sitzen da. Wie lange kann man sitzen.

SASCHA Du warst bei ihm?

SCHURA Ja.

SASCHA Hast du ihn gefunden?

SCHURA Ja.

SASCHA Und –

SCHURA Weißt du noch, dieses Haus schräg gegenüber von uns, wo die ganzen Transen wohnten? Wo sie mal die Türen zugeschweißt haben und sie tagelang nicht rauskamen? Ich bin da jetzt auch wieder vorbei. Habe mich gefragt, ob das Haus zugeschweißt war, als sie es angezündet haben. Es ist ausgebrannt. Wie ein Glas voller Bienen und dann kochend heißes Wasser rein.

SASCHA Steht unser Haus noch?

SCHURA Reste.

SASCHA –

SCHURA Und er war auch da.

SASCHA –

SCHURA Er hat noch gelebt.

SASCHA *Blick.*

SCHURA Und dann habe ich ihm den Kopf eingeschlagen.

SASCHA *Blick.*

SCHURA Er lag da und hat geatmet. Seine Augen waren offen, heißt nicht, dass er mich gesehen hat, ich glaube aber schon.

SASCHA –

SCHURA Ich habe mir den schwersten Stein genommen, den ich finden konnte, und ihm den Schädel zertrümmert. Ich weiß, dass du mir nicht glaubst.

SASCHA Das hättest du nie gemacht.

SCHURA Habe ich.

SASCHA Auch wenn du das schon immer wolltest.

SCHURA Ja.

SASCHA Hast du nicht.

SCHURA War wie Aufatmen in dem ganzen Staub.

SASCHA Hör auf.

SCHURA Irgendwas von der Sülze aus seinem Kopf ist auf meine Klamotten, ich hab's nicht mal weggewischt.

SASCHA Hör auf.

SCHURA Er hat so kaputt ausgesehen. Ich konnte seine Knochen sehen durch das offene Fleisch. Der liegt da auf dem Bett, und da ist sonst nichts. Er ist wie ein kleiner Haufen nichts. Hat keiner bemerkt. Menschen sterben. In diesem Land sterben jetzt eine Menge Menschen einfach so. Und die, die nicht sterben, wünschen sich meistens, tot zu sein. Du kannst machen, was du willst. Das hier ist ein WIRKLICH freies Land jetzt. Der Krieg hat uns frei gemacht.

SASCHA –

SCHURA Ich habe ihm einen Gefallen getan.

SASCHA Beweise. Beweise mir das.

SCHURA Das brauche ich nicht.

SASCHA –

SCHURA Hätte ich seine Leiche mitschleppen sollen als Andenken?

SASCHA –

SCHURA Alles ist zu irgendetwas gut, das hat er doch immer gesagt. Und als die Schreie anfingen, die Schüsse – alles ist für irgendetwas gut, war mein erster Gedanke.
SASCHA Halt die Fresse. Halt die Fresse.
SCHURA Ich habe so gehofft, dass er noch lebt. Dass er das überlebt hat. Das ist es jetzt, habe ich gedacht, jetzt ist der Augenblick. Ich kann dich und mich von ihm befreien und niemandem fällt's auf.

Sascha geht auf Schura zu und packt ihn am Genick. Für kurze Zeit sieht es so aus, als würde sie Ernst machen, dann lässt sie von ihm ab. Dann geht sie wieder auf ihn zu und knockt ihn aus. Er ist bewusstlos.
Sie bricht seinen Fuß. Den gleichen, der bei ihr gebrochen ist.

SASCHA –

Sie packt ihn am Arm und schleppt ihn raus. Lässt ihn dort liegen. Kommt wieder rein, schließt die Tür ab, geht Cartoons gucken.
Sie geht zur Tür, schließt wieder auf, setzt sich aufs Bett und guckt weiter Cartoons.
Nach einer Weile kommt Schura rein. Er humpelt stark. Geräusche von draußen.

SCHURA Schwesterchen.
SASCHA Warum bist du gekommen?
SCHURA Wann gibst du zu, dass du auch erleichtert bist?
SASCHA Darf ich deinen Fuß sehen?
SCHURA Du hattest immer diese bessere Ausrede, ein schlechter Mensch zu sein, weil deine Eltern schon tot waren.
SASCHA –

SCHURA Irgendwann hat irgendwer beschlossen, dass die deinen und die meinen auseinandergehören, was ist bloß in uns gefahren, zusammen zu leben? Jetzt fahren hier Panzer ein, du weißt schon gar nicht mehr von wem. Die Alten verhungern, weil sie zu den Essensstationen zwei Stunden zu Fuß durch den Schnee müssen, siechen einfach vor sich hin auf ihren Betten, erfrieren, weil es keinen Strom gibt. Und du lässt dich ficken für ein Appel und ein Ei. Das heißt, du glaubst, dass es weitergeht. Das heißt es doch, oder? Sonst würdest du dich doch nicht ficken lassen, oder? Oder?

SASCHA –

SCHURA Ich weiß, was er mit dir gemacht hat.

SASCHA Was hat er mit mir gemacht?

SCHURA Ich weiß es.

SASCHA Was weißt du?

SCHURA Wir sind jetzt frei, Sascha.

SASCHA Du warst einfach nur neidisch auf ihn, das ist alles. Was frei? WAS FREI.

SCHURA Du musst ihn nicht verteidigen.

SASCHA Er hat mir danach noch geschrieben. Da hattet ihr schon keinen Kontakt mehr.

SCHURA Was hat er geschrieben?

SASCHA Dass er mich liebt.

SCHURA Hat er das.

SASCHA Und mir verzeiht.

SCHURA Eigentlich geht es ihn gar nichts an.

SASCHA Dass er dein Verhalten nicht verstehen kann.

SCHURA Aber deins schon?

SASCHA Aber meins schon.

SCHURA Rührend.

SASCHA Dass er mich geliebt hat, vom ersten Augenblick an, und sich immer gewünscht hat, ich wäre seine richtige Tochter gewesen.

SCHURA Perverses Schwein.

SASCHA Er wollte immer einen Sohn, und mit mir hatte er das Gefühl, das bin ich.

SCHURA Sein Sohn?

SASCHA Sein echter.

SCHURA Das hat er nicht geschrieben.

SASCHA Dass du nie ein richtiger Mann wirst, aber er stolz ist auf mich, dass wenigstens einer in der Familie –

SCHURA Hör auf.

SASCHA Sein eigen Fleisch und Blut, das hat er geschrieben.

SCHURA Hör auf.

SASCHA Er hat geschrieben, dass er dir irgendwann verzeihen wird, aber erst mal kann er's nicht.

SCHURA Hab ihn auch nicht drum gebeten.

SASCHA Und dass du schon immer so ein Schwanzgesteuerter warst, selbst bei deiner eigenen Schwester.

SCHURA Adoptivschwester.

SASCHA Ja.

SCHURA Aber er ist besser.

SASCHA Es war schon schön, geliebt zu werden.

SCHURA Egal wie.

SASCHA Nein, nicht egal wie, sondern richtig.

SCHURA Ich glaube nicht, dass er das jemals konnte.

SASCHA Bei dir vielleicht nicht.

SCHURA Hat er das wirklich geschrieben?

SASCHA Dass du ein kleiner armer Wurm mit großen Ideen bist.

SCHURA Klingt nicht nach ihm.

SASCHA Nein? Dann ist das von mir.

SCHURA Ich weiß, was er mit dir gemacht hat, weil er mit mir dasselbe gemacht hat.

SASCHA –

SCHURA Warum verteidigst du ihn?

SASCHA –

SCHURA Habe ich dir mal erzählt, dass ich dich heiraten wollte?

SASCHA Nein.

SCHURA Vielleicht nicht heiraten, aber etwas Ernstes.

SASCHA Ernster als vögeln?

SCHURA Mit dir weg. Ich wollte. Eine Nacht aufgewacht, bin zu deinem Zimmer, stand davor und habe so was gedacht wie: Lass uns alles falsch machen, alles richtig und abhauen von ihm – und stand eine Weile vor deiner Tür und ging dann wieder schlafen.

SASCHA Muss ein echtes Anliegen gewesen sein.

SASCHA Er hat mir nichts angetan. Ich habe mit ihm geschlafen.

SCHURA Sag das nicht.

SASCHA Und es war gut.

SCHURA Mach das nicht.

SASCHA Ich habe es gern gemacht.

SCHURA Der impotente Sack.

SASCHA Impotenz liegt in der Familie.

SCHURA –

SASCHA Du und er, ihr seid euch so ähnlich, dass es schon fast weh tut. Ihr sagt dieselben Sachen im Bett, und mal ehrlich, bei euch beiden habe ich gedacht: Hör auf zu reden, was redest du rum, das hier ist eine simple Bewegung, auf und ab, was redest du von Liebe. Der Unterscheid war nur, dass er so ein Strahlen hatte. Das war schön. Das fand ich schön, dass da ein Mann ist, der etwas will. Das siehst du an der Körperhaltung. Das macht den Sex auch besser.

SCHURA –

SASCHA Es hat mich feucht gemacht, dass er so unbescheiden war, immer mit Kopf oben.

SCHURA –

SASCHA Vielleicht bist du deswegen so bescheiden rausgekommen.

SCHURA Er ist tot und ich lebe. Wer hat gewonnen?

SASCHA Er.

SCHURA Er war ein Geschwür, das uns auseinandergerissen hat.

SASCHA Das Geschwür hat uns zusammengehalten.

SCHURA Ich kann dir seinen letzten Blick gar nicht beschreiben. Das war sowas – Verständnisvolles. Ich glaube, er hat es auch richtig gefunden.

Sascha schlägt auf Schura ein. Er hält sie fest. Schlägt sie zusammen.

SCHURA Wo hast du denn jetzt die Wohnung her? Ich war die letzte Zeit – vor dem Zusammenbruch – nur Hotels seit weiß ich nicht, habe ich das Gefühl, seit Ewigkeiten immer nur in Hotels.

SASCHA LASS MICH LOS.

SCHURA Findest du nicht, dass Hotelzimmer zum Masturbieren einladen?

SASCHA –

SCHURA Im Ernst jetzt. Das ist kein Ort, wo man jemanden anderen trifft, ich meine, man kann sich treffen, aber sich nicht wirklich haben, das ist vulgär irgendwie. Sex in Hotelzimmern ist vulgär. Das einzige, was ich noch verstehen kann, ist Wichsen. Das macht Sinn. Das ist irgendwie ehrlich.

SASCHA –

SCHURA Du hast da dein Ding in der Hand und dann musst du aufpassen, nicht hinzugucken, wenn die Schwabbeltitten kommen. Du musst dir das genau merken, wie der Ablauf ist, also die Kette von Pornoclips, Dauerschleife – zuerst ist es die heiße Minderjährige, die rasiert ist, dann etwas Jungle Fever und dann die Oma mit den Teilen bis zum Knie, und du denkst – Boah, ne, nicht jetzt! Nicht jetzt! Das kann dir die ganze Nummer versauen, also musst du lernen, wann du die Augen zumachst und schön ruhig weiter rubbelst.

Schura packt Sascha am Hals, es sieht so aus, als würde er sie erwürgen wollen. Dann knöpft er ihre Hose auf, sie strampelt. Er knöpft seine Hose auf.

SCHURA Ich wünschte, du könntest jetzt dein Gesicht sehen.
SASCHA Alexander.

Schura erstarrt. Er lässt von ihr ab, sie keucht, schnappt nach Luft, sagt nichts. Er lacht, macht seine Hose wieder zu.
Er geht zum Kühlschrank, nimmt den Cattier, überlegt, macht ihn auf. Trinkt aus der Flasche. Gurgelt.

SCHURA Wie Kotze. Warum hältst du ihn im Kühlschrank, wenn er nicht kalt ist?
SASCHA –

Sascha fällt über Schura her. Sie ringen, bis sie sich gegenseitig ausknocken.
Und irgendwann stehen sie wieder auf.

SASCHA Diese Schreie klingen wie Katzen. Das war so ein Geheul damals, ich dachte, so klingt das, wenn all diese verwaisten Katzen auf einmal losbrüllen. Als würde man sie alle gleichzeitig am Schwanz ziehen.

Ich weiß noch, wie du sie ständig von der Straße nachhause brachtest, weil du Angst hattest, dass sie vergiftet werden. Und dein Zimmer stank nach Katzenpisse. Und deine Haare.

SCHURA *wie am Schwanz gezogen* Miau miau.

SASCHA Schura.

SCHURA Glaubst du, wir schaffen es?

SASCHA Ja.

Sie sitzen da, Zeit vergeht, eine Menge vergeht, sie können sich nicht trennen.

SASCHA Ich gehe jetzt.

SCHURA Ja, hau ab.

SASCHA Ich gehe nach ihm schauen.

SCHURA –

SASCHA Ich muss sehen, wie es ihm geht.

SCHURA Du wirst erschossen.

SASCHA Vielleicht. Na und.

SCHURA Für was, für einen Toten?

SASCHA Für einen, der mir mehr bedeutet hat als andere.

SCHURA Pack lieber deine Sachen und hau ab.

SASCHA Und wenn er tot ist, will ich ihn begraben.

SCHURA Jetzt spinnst du.

SASCHA Schande über mich, dass ich es nicht schon früher getan habe.

SCHURA Sei nicht lächerlich.

SASCHA Auf was willst du aufbauen, wenn die Leichen noch oben liegen und verfaulen?

SCHURA Dann komme ich mit.

SASCHA Was?

SCHURA Ich komme mit, helfe dir dabei, ihn zu begraben, und dann fangen wir von vorne an.

SASCHA Du willst mitkommen?
SCHURA Ja, ich komme mit.
SASCHA Willst du sehen, wie ich das mache?
SCHURA Wir begraben die Toten, wir fangen von vorne an.
SASCHA Ich begrabe ihn und dann gehe ich.
SCHURA Wir begraben ihn zusammen.
SASCHA Ich glaube, ich muss –

Sascha versucht es zurückzuhalten, bricht auf den Teppich.

SASCHA Oh nein.
SCHURA Scheiße.
SASCHA Oh nein –
SCHURA Musst du noch mal?
SASCHA Der Fisch –

Sascha muss weinen.

SASCHA Jetzt habe ich den Fisch –
SCHURA Lass, willst ihn doch nicht wieder rein –
SASCHA Oh, der Fisch –
SCHURA War wohl doch nicht so gut.
SASCHA Ich will den Fisch –
SCHURA Komm her.

Er umarmt sie, hält sie fest, wiegt sie, bis sie sich beruhigt.

SASCHA Als ich von euch weg bin, war ich lange auf der Straße. Wieder. Ich schlief in Cafés, ich schlief auf den Terrassen im Westen. Die Bettler haben mich immer beschützt. Sie waren gut zu mir. Irgendwohin, dachte ich, ich muss wieder rein. Man gewöhnt sich so schnell an warme Duschen. Hatte von diesen Agenturen ge-

hört, die Frauen für alles vermieten. Ich habe mich da vorgestellt, sie haben meine Qualifikationen aufgeschrieben. In dem Raum saßen so Frauen, enge Hemden, hohe Absätze – mit ganz verzerrten Gesichtern.
Irgendwann wurde ich ausgesucht. Von einem Ehepaar. Oder ich wusste nicht, was sie waren, aber ein Mann mit goldenen Manschetten und eine Frau im roten Kleid kamen in die Agentur und sagten, sie suchen eine Sekretärin, die private Anrufe entgegennehmen würde und das Büro zu Hause verwaltet. Im Taxi redete niemand von uns. Irgendwann kamen wir hierher in diese Wohnung.
Ich hatte mich nicht getraut zu fragen, was für eine Art Anrufe es sein werden. Es war mir auch egal. Ich wusste, dass es bald was zu essen geben würde. Dass ich mir heute Abend oder morgen, jedenfalls sehr bald was zu essen kaufen würde, was ich sehr lange koche und dann langsam esse.
Der Anruf kam spätabends. Das Telefon klingelte. Es klingelte so plötzlich, ich dachte schon, es fliegt von der Tischplatte. Eine Frau war dran.
Ich setzte meine beste Stimme auf, ein wenig tiefer als die, mit der ich sonst spreche, und versuchte beim Aussprechen zu lächeln. Die Frau am anderen Ende der Leitung atmete schwer. Ich wollte schon fragen, ob etwas nicht stimmt, da sagte sie, dass sie meine Arbeitgeberin war, die Frau, die mich gemietet hatte. Sie fragte mich, ob alles in Ordnung sei und ich die Arbeit genieße. Sie fragte mich, ob ich ihr etwas vorlesen würde – oberste Schublade rechts – und ich sagte, ja, natürlich, ich hatte mir eine Art Arbeitsbuch vorgestellt, einen fetten Ordner mit vielen Notizen oder einen Bericht in einer dünnen glasigen Mappe. Stattdessen lag eine kleine Bibel darin.

Ich hatte Angst sofort gefeuert zu werden.
Da war nichts außer einer Bibel.
Die Frau sagte, ich soll ihr daraus vorlesen.
Ich fragte nicht, warum. Ich fragte gar nichts.
Sie schlugen ihn und seine Söhne und sein ganzes Kriegsvolk, bis keiner mehr übrig blieb, und nahmen das Land ein.
Leg deine Hand auf deine Muschi, war das erste, was die Frau nach einer Weile sagte.
Was?
Leg deine Hand auf deine Muschi und lies weiter, sagte sie.
Ihre Stimme war so klar, bestimmt, ich wusste, ich hatte keine andre Wahl, als ihr zu gehorchen. Ich tat es und las weiter.
Wenn ihr in den Krieg zieht in eurem Lande gegen eure Feinde, die euch bedrängen, so sollt ihr laut trompeten mit den Trompeten, dass euer gedacht werde vor dem HERRN, eurem Gott, und ihr errettet werdet vor euren Feinden.
Die Tür ging auf, der Mann, mein Arbeitgeber, kam rein. Er stellte sich direkt vor mich und irgendwie war ich nicht überrascht. Ich, mit dem Hörer am Ohr, mit der Hand zwischen meinen Schenkeln, schaute zu ihm hoch, ohne mich zu bewegen. Er zog mich auf den Tisch, auf den dort drüben, er ist so glatt, ich war darauf leicht auf und ab zu bewegen. Dann kam die Frau im roten Kleid.
Ich dachte, ich würde für immer in diesem Raum mit ihnen bleiben.
Und dann haben die Explosionen angefangen. Dann die Schreie. Ich wusste nicht, was draußen passierte, sie haben mich beschützt. So lange es sie gegeben hat, wusste ich nicht, was draußen war.

SCHURA –

SASCHA –

SCHURA Haben sie dich eingesperrt?

SASCHA Ja.

SCHURA –

SASCHA –

SCHURA Wie lange?

SASCHA Ich weiß es nicht.

SCHURA –

SASCHA –

SCHURA Du hast mit ihnen hier gelebt?

SASCHA Ich habe aufgeräumt und gekocht und in den Nächten mit ihnen geschlafen, manchmal tagsüber, manchmal wusste ich nicht mehr, wann Tag und wann Nacht ist. Und wer er und wer sie und wer ich bin. Und alles war egal. Granaten, Panzer, Schüsse wie Regen. Dass ich mit Schreien aufwachte, wenn ich überhaupt aufwachte. Wir hatten zu essen. Und es war warm. Ich weiß nicht, wie lange ich nicht rausgegangen bin. Und dann kamen sie nicht wieder.

SCHURA –

SASCHA –

SCHURA Waren sie von deinen oder von meinen?

SASCHA –

SCHURA Waren sie von deinen oder von meinen?

SASCHA –

SCHURA Sascha?

SASCHA Ich weiß es nicht.

SCHURA Also von meinen.

SASCHA Sie haben mich reingeholt. Wie dein Vater damals. Sie haben mir Essen gegeben, Kleidung. Sie haben mich wirklich geliebt.

Schura lässt Sascha auf dem Teppich liegen.

SCHURA Ich mache das mal kurz weg, was dagegen? Das stinkt.

Er geht ins Bad.

SASCHA Brich dir bitte alle Knochen. Rutsch aus und brich dir alle Knochen.

Schura kommt wieder.

SCHURA Ehrlich gesagt, habe ich wirklich ein bisschen Angst vor dem, was da aus den Wasserrohren rauskommt. Also einatmen darf man das nicht.

Er macht das Erbrochene weg.

SASCHA *ins Publikum gerichtet* Die sehen wirklich aus wie Ratten von hier oben.

SCHURA Sascha, warum verstehst du das nicht. Du hast den Fisch nicht gegessen.

SASCHA Als würden sie einen Schwanz hinter sich herziehen, siehst du das?

SCHURA Das bedeutet was.

SASCHA Siehst du? Die wackeln, als würden sie zittern.

SCHURA Das heißt, es ist noch nicht vorbei.

SASCHA Als wären Knochen falsch zusammengewachsen.

SCHURA Warum glaubst du mir nicht?

SASCHA Trotzdem schön.

SCHURA Warum glaubst du mir nicht?

SASCHA Nein, wirklich schön, ich bin grad ein wenig verschossen in sie.

Sascha küsst ihn.

SASCHA Ich kann mir meinen eigenen Tod nicht denken. Da macht mein Gehirn nicht mit. Weil das wäre wie das Ende der Welt, aber daran kann ich nicht glauben. Ich glaube nicht daran, dass es vorbei ist, weil das Menschen ständig denken und dann geht es weiter und Menschen denken sich eine Menge, wenn der Tag lang ist, aber überleben doch alles. Es sind schon so viele Dinge passiert auf diesem Planeten, nach denen sich Menschen gefragt haben, wie konnte es nur weitergehen, und es ging weiter und das hier, das werden auch ein paar von uns überleben und so tun, als wäre nichts gewesen und Babys machen, und Geld machen, und Autos bauen, und sich die Nasen umoperieren lassen, und glücklich sein. Wer bin ich, dass ich ihnen das nicht gönne, oder, egal ob ich draufgehe oder weitermache, ich meine, ehrlich jetzt, ich will auch ein bisschen von diesem Glitzer, von diesem Leuchten, das das Leben hat, und ich will nicht, dass es mir geneidet wird, und ich werde es niemandem neiden, geht hin und mehret euch und tragt schöne Kleider und weint bei TV Shows und tanzt euch die Füße blutig, tanzt euch die Beine zu Bruch, weil eure Absätze bis zu den Knien gehen, und lacht euch tot und küsst euch und liebt euch und verdammte Scheiße, ja, ich will nicht sterben, aber wer fragt mich schon?

SCHURA Kann ich dir einen Witz erzählen?

SASCHA –

SCHURA Eine Familie geht –

SASCHA Wirklich?

SCHURA Ja.

SASCHA Na dann.

SCHURA Eine Familie geht – raus aus dem Büro eines Talent-Show-Agenten. Stell dir vor, Sie geht einfach raus. Ohne Tricks zu zeigen. Sie gehen einfach raus.

Ich, ein Anfang

(Bluescreen, Flackern)

PERSONEN

EFRAIM
NANA
SELLAL
RE

Die Zusammensetzung von Efraim

– Ich habe da bei so einer Sache mitgemacht
– Okay
– Als Jugendlicher, da gab es Geld für
– Wie alt
– Weiß ich nicht
– Papa wollte, dass ich arbeiten gehe und gab mir nichts, aber ich wollte nicht kellnern und Papa und seinen Freunden irgendwo Kaffee servieren. Du kannst nicht in einer vierhundert-Quadratmeter-Wohnung aufwachsen und dann kellnern gehen. Ich dachte, brauche ich nicht. Und dann
– Ja
– Ich dachte, ich brauche nichts. Nichts und niemanden
– Sechzehn, ich war sechzehn
– Ja. Ich
– Und dann
– Ich gehe durch die Goethestraße, Hände in den Hosentaschen, Schultern breit. Glaube, ich habe es voll raus, und dann sehe ich dieses Hemd. Dieses Hemd im Schaufenster. Es ist so blau, ich kann nicht weg von der Stelle, starre ins Schaufenster, in dem ich mich spiegele. Meine Hose wird eng. Das Hemd ist aus blauer Seide mit feinen, ganz feinen roten Streifen, es schaut mich an, ich schaue es an, ich versuche weiterzugehen, komme wieder zurück, schaue auf das Preisschild, es kostet mehr als ich je in den Händen gehalten habe. Das kostet mehr als alles, was ich verkaufen könnte, zusammen. Ich tigere um den Laden herum, und dann denke ich, was soll's, ich gehe nur mal rein, traue mich. Probiere das Hemd an. Nein, zuerst wasche ich mir die Hände
– Du machst was

- Ich wasche mir die Hände. Ich gehe bei Coffee Company aufs Klo, wasche mir die Hände, gehe dann in den Laden rein und probiere das Hemd an, und es sitzt wie angegossen. Als wäre es für mich maßgeschneidert, ich bin mir ziemlich sicher, es ist für mich auf diese Welt gekommen. Ich schaue mir im Spiegel in die Augen und meine Pupillen sind ganz groß und der Rest wird ganz blau, mit den Teilen kann man hypnotisieren, das sieht aus, als wäre ich ein Alien
- Geil
- Ja, schon, geil. Sechzehn eben. Ich bin sechzehn und ein Alien. Und meine Hose ist eng. So glücklich wie noch nie
- Haben sie dich überhaupt das Ding anprobieren lassen
- Dich überhaupt in den Laden gelassen
- Hypnose hin oder her, den Verkäufer anstarren hat dann auch nichts gebracht, ich habe einfach kein Geld und plötzlich verstehe ich, wie klein ich bin, wie sehr nichts ich habe, wie sehr nichts ich bin, und falle in ein Loch, so schnell wie nur Sechzehnjährige das können. So eine Junger Mann ist wütend auf die Welt Depression. So eine Was soll dieses Leben, wenn alles so ungerecht ist Phase. Zum ersten Mal das volle Bewusstsein davon, dass niemand mich jemals retten kommt. Von Null auf Hundert in wenigen Minuten
- Süß
- Ich gehe seltener zur Schule als eh schon, will nichts essen, der Magen dreht sich mir um, schlafen kann ich nicht. Es wird seidenblau, wenn ich die Augen zumache, ich laufe planlos durch die Straßen und tue nichts, einfach gar nichts, noch nicht mal denken. Und dann sehe ich in der Bahn diese Anzeige: Probanden gesucht. Psychologische Untersuchungen unter ärztlicher Betreuung über einen längeren Zeitraum ... Ir-

gendwie so. Und ich bin hellwach. Bei mir macht es Katsching in der Birne. Ich denke nur, die verdienen doch so einiges, diese Probanden. Denen werden ja so Dinge angetan. Habe mich schon auf Mund voller Pillen eingestellt, und Schläuche, die aus allen Körperöffnungen kommen, und blaue Galle aus den Augenwinkeln. Ich ruf da an und die sagen, das ist nur Reden und sowas. Eine Art Gesprächstherapie. Nix da mit Schläuchen und Galle.

Wir sind so zwanzig und werden in zwei Gruppen aufgeteilt, dann einzeln reingeholt und müssen Videos schauen, von Autounfällen, erstmal nur das. Und die Ärztin, die Psychologin, stellt ganz langweilige Fragen: Wie schnell sind die Autos ineinander reingefahren? Wie kurz war der Rock der Frau, die am Straßenrand stand und sowas. Und beim nächsten Mal wieder, immer mit kleinen Unterschieden.

Ich merke das schon, dass sie dasselbe fragt, nur etwas anders.

Wie schnell sind die Autos ineinander reingerast? Was hatte die Prostituierte am Straßenrand an?

Ich beantworte alles, manchmal sage ich auch einfach irgendwas, weil mir langweilig ist, und schiele auf die fünf Zentimeter Fleisch zwischen dem Rock der Psychologin und der Tischkante.

Die macht über Wochen Tests mit mir und irgendwann legt sie mir Fotos von mir hin. Kinderfotos. Ich – zuerst baff, und peinlich auch, woher hat sie die, muss ja meinen Vater dafür angerufen haben. Sie sagt, sie wurden ihr auf Nachfrage hin mit freundlicher Genehmigung zugeschickt. Ich soll sie mir alle anschauen und die Situationen beschreiben, in denen ich mich da befinde, woran ich mich erinnere.

Ich auf'm Töpfchen, okay, was soll man dazu sagen.

Dann ich bei der Einschulung, da wusste ich noch, ich habe versucht meinem Tischnachbarn auf den Hals zu malen, und der hat mich gehauen, dass ich vom Stuhl geflogen bin.
Aber da sind auch Fotos, die kann ich nicht zuordnen, ist ja normal. Sagt sie. Ist ja normal, versuchen Sie es. Sie besteht darauf. Zeigt mir ein Foto, da stehe ich auf einer Treppe irgendeiner Hafenstadt. Sie sagt, das ist Odessa. Ich war aber noch nie in Odessa, ich bin mir ziemlich sicher. Jedenfalls nicht, dass ich wüsste. Sie sagt, erinnern Sie sich nicht, in Odessa auf dieser Treppe sind Sie verloren gegangen. Und ich so: Ne, weiß ich nicht. Wirklich? Warum erzählt mir das keiner? Na ja, verstehe schon, warum man damit nicht hausieren geht, aber ich kann mich wirklich nicht erinnern.
Und schon in der ersten Nacht träume ich davon, wie ich mit meiner Mutter über die Promenade von etwas laufe, was ich mir als Odessa erzähle, und Papa macht Fotos von uns. Und dann sind sie plötzlich weg, meine Eltern. Und ich kann das nicht beschreiben, ich weiß nicht, was passiert ist, aber ich habe Schweiß an den Händen und im Gesicht, alle sind größer als ich, ich kann den Himmel nicht sehen, nur das bisschen Marmorstufen zwischen den Füßen, und renne und renne und flenne natürlich und wache auf, weil ich Mama schreie, und mein Gesicht ist ganz feucht.
Und in der nächsten Nacht sehe ich es dann in voller Länge: Wie sich meine Eltern streiten, wie sie mich dabei völlig vergessen, wie Papa Mama an den Schultern nimmt und schüttelt, und sie beleidigt wegrennt, und er in die andere Richtung. Ich weiß noch, wie seine Stimme klingt, was er ihr für Dinge an den Kopf schmeißt und ich finde ihn gruselig, es tut mir weh und ich renne weg, in die Menge, in die Beine, Knie-

kehlen so auf meiner Augenhöhe, und schreie und weine, und dann weiß ich nicht mehr, wo ich bin, und die finden mich erst in der Abenddämmerung und streiten sich wieder, dieses Mal wegen mir, wessen Schuld es gewesen ist, dass sie mich verloren haben. Und ich will wieder weg.

Das nächste Mal, dass ich die Psychologin sehe, erzähle ich ihr alles, und sie nickt eifrig und kritzelt in ihr Büchlein, als würde es jucken, und freut sich, dass sie wohl ein Kindheitstrauma bei mir entdeckt hat, was ausgebuddelt hat und sowas.

Der letzte Schritt dieser Testpsychotherapie-Nummer ist dann, dass mich die Ärztin fragt, ob ich eine kriminelle Vergangenheit habe. Ob ich irgendetwas verbrochen habe, wo es mehr als Ärger zuhause gab, und ich so – leider nein, ich habe mir das immer gewünscht, aber ich fürchte, ich bin artig, ein Langweiler, ein Feigling. Und sie: Denken Sie bitte nochmal genau darüber nach. Ob da nicht doch. Mein Vater hätte da sowas angedeutet. Ein Messer sei involviert gewesen. Ich wieder keine Ahnung von irgendwas.

Und in der nächsten Nacht geht es gleich los. Ich sehe Dejan über mir mit einem Messer stehen, ich weiß nicht, worum es geht, aber irgendwie schaffe ich es, ihm das Messer abzunehmen, und er will auf mich zu und läuft in die Klinge, ich ziehe sie raus, steche noch mal zu, er hat Blut überall, ich habe Blut überall, ich steche noch mal zu und noch mal, bewege nur meinen Unterarm hin und her, wache mit nassem Gesicht auf, fahr mit der Hand drüber, habe Angst, dass das Blut ist, und weiß nicht, wann das passiert sein soll.

In der Nacht drauf wird alles klarer, da geht es um Lola und Geld, und irgendwie bin ich wie in die falsche Straße abgebogen, alles ganz klar, ich kann De-

jans Schweiß riechen, ganz nah an meinem Gesicht, ich wache auf und kann mich an Dejans Schweißgeruch erinnern, aber nicht daran, wann ich ihn abgestochen haben soll, bin total verheult, warum erinnere ich mich nicht daran, warum erinnere ich mich jetzt daran, und gehe in die Küche. Mein Vater sitzt da, wie immer, wie jede Nacht. Sitzt vor der verglasten Wand, unsere Fenster gehen vom Boden bis zur Fünfmeterdecke, man kann weit über die Stadt schauen, über alle Dächer, und er sitzt da wie immer und schaut raus ohne sich zu bewegen, seine Zigarette raucht.
Ich setze mich zu ihm, neben ihn auf den Hocker, wo sein Whisky draufsteht, erzähle ihm von meinen Träumen und frage ihn, warum ich das alles nicht mehr weiß.
Ich erzähle ihm, dass ich von Dejan geträumt habe, aber nicht weiß, ob ich Dejan schlimm verletzt habe, und eigentlich eine Anzeige deswegen habe, und flenne so über mein kurzes langes trauriges Pubertätsleben. Dann nehme ich meinen ganzen Mut zusammen und erzähle ihm von dem Gefühl, verloren zu sein, wie sehr das immer noch an mir klebt, mir manchmal alles zuklebt, wenn ich ihn anschaue. Als hätte ich ihn und Mama damals verloren, damals auf der Treppe von Odessa, vor allem ihn, ich sehe ihn unscharf seitdem, und vielleicht ist deswegen alles so beschissen zwischen uns und so beschissen auf der Welt.
Mein Vater sagt lange nichts, nippt an seinem Whisky, streift meinen Oberschenkel, stellt sein Glas ab. Wir schauen über die Stadt, er zieht an seiner Zigarette, reicht sie mir, ich ziehe ein bisschen, mein Mund füllt sich wie mit Asche, aber ich huste nicht, verwende meine ganze Kraft darauf, nicht zu husten, gebe sie ihm zurück. Und irgendwann dreht er sich zu mir um

und sagt: Nichts davon ist passiert. Nichts. Die Psychologin hat Kindheitsfotos angefordert und paar Sachen gefragt, er hat sie beantwortet. Aber dass ich verloren gegangen bin, hat er nie erzählt, weil es nie passiert ist. In Odessa sind wir nie gewesen. Und Dejan hat mich nie mit einem Messer angegriffen, und ich ihn auch nicht. Dejan ist weggezogen, bevor ich eingeschult wurde, den habe ich nie wieder gesehen. Von einer Lola höre er zum ersten Mal.

Re

Sag mir, was du siehst
Was
Sag mir, was du siehst
Was
Hörst du mich
Ich höre dich nicht
Ist der am häufigsten gesagte Satz auf Skype
Was ist die Frage
Siehst du mich? Du hängst. Siehst du mich? Du hängst
Siehst du mich, ja? Verpixelt, aber ja, impressionistisch, nicht scharf, siehst gut aus, hast du Sonnenbrand?
Ja! Aber den kannst du doch gar nicht sehen
Doch, das sehe ich, das einzige, was ich sehe, ist dein Sonnenbrand, das Bild ist so, jetzt hängst du wieder
Hörst du mich? Hallo
Ja. Schön dich zu sehen
Schön dich zu sehen. Ich
Du siehst gut aus
Stimmt nicht
Sag mal, bist du betrunken, du redest so langsam? Oder ist es die Verbindung, die verzerrt ein wenig

Ja, ein wenig immer noch von gestern. Von den Lichtern.
Betrunken
Von Alkohol
Nein von Licht
Betrinkst du dich allein
Allein, nein, nicht allein, da sind viele, hier sind immer viele. Ich saß bei den Arbeiterinnen auf Glitzerabsätzen mit Glatthaarperücken in Rosa und Blau, ich fand sie schön, ich finde sie schön, ich wollte sie ansprechen
Du sitzt auf der Straße, betrinkst dich und begaffst Nutten
Selber Nutte. Ich wollte mit denen reden
Über was
Muss reden immer über etwas sein
Und dann hast du allein getrunken und auf die Transen geschaut
Kannst du mal die Fresse – kannst du, ich war nicht allein
Nein? Mit wem bist du
Hörst du mich, jetzt ist dein Bild weg, scheiße
Ich ruf noch mal an
Hörst du mich
Ich ruf noch mal an
Hörst du mich
Hörst du mich
Ich ruf noch mal an
Du hörst nicht
Verbindung weg. Stromausfall

Ich habe heute Nacht von dir geträumt, das erste Mal seit damals.
Diese Stadt wächst in mir, die Luft drückt meine Schläfen auseinander.
Wie ein Luftballon, bunte Gummifetzen kleben an meinen Wangen. Ich rieche Seife, ich rieche Ringelblumen, an deinen Händen, ich sehe deine Hände über mir.

Die Stadt platzt gleich, ich kann es spüren, sie vibriert wie ein Telefon, unter meinen Füßen wabert es.
Jemand spielt Flöte.
Die Dinge zerfliegen.

Drinnen

EFRAIM Lass uns irgendwohin.
NANA Ich darf nicht weit weg.
EFRAIM Lass uns feiern.
NANA Gib mir eine Zigarette.
EFRAIM Eine letzte Zigarette. Was ist der Unterschied zwischen einem deutschen Polizisten und einem amerikanischen? Der deutsche gibt dir seine letzte Zigarette. Der amerikanische gibt dir deine letzte.
NANA Das ist nicht meine letzte.
EFRAIM Ich habe keine.
NANA Komm schon.
EFRAIM Ich bin Nichtraucher.
SELLAL Was würdest du heute gerne tun?
NANA Ich würde gerne eine rauchen.
SELLAL Ich könnte was für uns kochen.
EFRAIM Ist sie nicht süß?
NANA Ich will nicht essen, ich will rauchen.
EFRAIM Oder wir besorgen dir ein ordentliches Date und du vögelst dich ins Koma.
NANA Dafür brauche ich dich nicht.
SELLAL Darfst du das?
NANA Was?
SELLAL Jemanden treffen?
NANA Warum nicht?
EFRAIM Weil du sie vielleicht als Geisel nimmst und abhaust.

NANA Das mache ich. Aber vorher komme ich hier vorbei und zünde diese Bude an.

Nana steht auf, geht auf Efraim zu, wühlt in seinen Hosentaschen, nimmt eine Zigarettenschachtel heraus, zündet sich eine an.

SELLAL Am Ufer gibt es Karussell und Musik, ich glaube, da kann man tanzen. Wir können dahin.

EFRAIM Hörst du? Karussell, Musik, Tanzen.

SELLAL Ich habe von meinem Fenster aus Feuerwerk gesehen.

NANA Das muss was anderes gewesen sein. Bei uns gibt's Feuerwerk erst, wenn alles vorbei ist.

SELLAL Bei uns gibt es immer Feuerwerk, wenn Leute heiraten.

EFRAIM Diskoschorle auf ex, in den Main kotzen und dann heiraten. Komm!

NANA Unbedingt.

EFRAIM Als Abschiedserinnerung.

NANA Es gibt keinen Abschied.

SELLAL Wenn du willst.

NANA Ich gehe auf keine Kirmes. Ich gehe nirgendwohin.

EFRAIM Bevor du die nächsten zwei Jahre nur mit den Schlagstöcken deiner Gefängniswärterinnen tanzen darfst.

SELLAL Ich war noch nie auf so was.

NANA Nimm Efraim mit.

SELLAL Ist es blöd?

EFRAIM Paar Besoffene grölen vielleicht rum und packen dir an 'n Arsch, aber sonst ist es herrlich.

SELLAL Ich hätte Lust, es zu sehen.

EFRAIM Willst du ihr nicht den Gefallen tun?

NANA Es ist mein letzter Abend, ihr könntet mir einen Gefallen tun.

EFRAIM Welchen?

NANA Geht und lasst die Zigaretten hier.

EFRAIM Du brauchst uns doch, damit du dir Ruhe wünschen kannst, wenn du dann Ruhe hast, wirst du uns vermissen. Stell dir vor, du sitzt hier allein, qualmst die Bude zu und denkst an morgen. An deiner Stelle würde ich jetzt alles tun, um nicht an morgen zu denken.

NANA Du bist aber nicht an meiner Stelle.

EFRAIM Du kannst mit uns alles vergessen gehen.

NANA Kann ich nicht.

SELLAL Schon gut.

EFRAIM Oder wir gehen einfach in irgendeine Lesbenbar und schleppen Frauen ab.

NANA Du bist keine Lesbe.

EFRAIM Ich bin die größte Lesbe, die man sich vorstellen kann.

SELLAL Hast du schon überlegt, was wir mit deinem Zimmer machen sollen?

NANA Ihr könnt es ja einem Geflohenen geben.

EFRAIM Hätte mein Vater bestimmt was gegen, wenn er wüsste, dass ein Flüchtling in seiner Wohnung sitzt.

NANA Der hätte auch ein Problem damit, wenn er wüsste, dass du in seiner Wohnung sitzt.

EFRAIM Und wer bezahlt das?

NANA Du.

EFRAIM Gutmensch auf meine Kosten.

NANA Oder die Stadt. Der Staat. Das Land. Keine Ahnung.

EFRAIM Und was ist, wenn Re wiederkommt?

NANA Was?

EFRAIM Vielleicht kommt Re auch wieder, dann kann sie in das Zimmer.

NANA Hat sie das gesagt?

EFRAIM Wenn sie mir nichts, dir nichts einfach abhauen kann, dann kann sie auch mir nichts, dir nichts jederzeit hier wiederauftauchen. Hätte wenigstens vorher ihre Sachen zusammensuchen können. Ich finde bis heute noch Socken in den Küchenschränken.

NANA Hast du mit ihr gesprochen?

EFRAIM Nein.

SELLAL Weiß Re das?

NANA Was?

SELLAL Hast du es Re gesagt?

NANA Nein.

SELLAL Okay.

NANA Und das bleibt dabei.

SELLAL Ja.

NANA Niemand sagt Re irgendwas. Verstanden?

SELLAL Verstanden, ich –

NANA Re weiß von nichts, sie muss es nicht wissen.

SELLAL Ich dachte nur, vielleicht –

NANA Gibt kein vielleicht.

EFRAIM Die hat grad andere Sorgen.

NANA Hat einer von euch mit ihr gesprochen?

SELLAL Ich schreibe ihr manchmal.

NANA Was?

SELLAL Was?

NANA Was schreibst du ihr?

SELLAL Wie es uns geht zusammen.

NANA Keiner schreibt ihr, ist das klar?

EFRAIM Sonnenklar.

NANA Von dem hier, meine ich. Über ihre Socken im Schrank, das ist mir egal.

SELLAL Ich habe ihr das nicht geschrieben.

NANA Gut.

SELLAL Sie hat noch nie geantwortet.

EFRAIM Die kennen sich doch nicht mal. Sie lässt einfach irgendjemanden hier rein. Ohne zu fragen. Jetzt haben wir Sellal an der Backe. Jetzt guck nicht so, ich mach doch nur Scherze. Aber im Ernst, tauchst plötzlich hier auf.

SELLAL Ich musste weg.

NANA Du musst dich nicht erklären.

EFRAIM Sie weiß noch nicht mal, wie lange sie bleibt.

SELLAL Re hat mir gesagt, ich kann erst mal bleiben. Ohne Zeit.

EFRAIM Irritiert dich das nicht, es nicht zu wissen?

SELLAL Nein.

EFRAIM Mich würde es irritieren.

NANA Was irritiert dich nicht?

EFRAIM Ja, entschuldige, ich wohne mit gewalttätigen Knackis zusammen, weiß ich, ob ich am nächsten Morgen aufwache?

NANA Wahrscheinlich nicht.

EFRAIM Wahrscheinlich nicht. Und darum gehe ich nicht schlafen. Ich mache durch. Heute machen wir alle durch. Du auch. Kriegst sogar eine eigene Zigarettenpackung.

Die Zusammensetzung von Nana

- Normalerweise lüge ich
- Ja
- Hat keine Konsequenzen
- Niemand wird mich je sehen. Wirklich. In echt
- Ich bin alle Alter, alle Haarfarben, alle Geschmacksrichtungen
- Und dann
- Los geht's

– Aber dieses eine Mal nicht, dieses Mal sage ich die Wahrheit, weil ich denke, wenn sie mich sieht, sieht sie mich ja, dann kann ich nichts mehr machen
– Nichts da mit alle Geschmacksrichtungen
– Ich bin ich
– Also die ganze Wahrheit, beschreibe mein Äußeres und meine Präferenzen genau
– Na mach
– Mach
– Ja
– Wer bist du
– Ich bin weiblich, Anfang dreißig, schwarz
– Ja
– Präferenz: dominant
– Ist es das, was man dann so sagt
– Ja, man sagt aktiv oder dominant. Die Wahrheit, keine Lust auf andere Geschichten
– Sonst sagst du
– Irgendetwas von Au-pair
– Irgendwas von passiv
– Irgendetwas mit blond und werde gern verführt, weiß ich doch nicht, mache ich ja nicht, jetzt sage ich die Wahrheit
– Ja
– Und ich habe auch keinen Bock auf langes Vorspiel im Restaurant. Schick essen gehen, sich geil machen durch Blicke, gesittet am Weinglas nippen und dazwischen auf die Lippen beißen. Sich beim Lachen beiläufig den Finger in den Mund stecken, was Leute halt so machen, wenn sie real life daten
– Irgendwie nicht, keine Lust
– Okay
– Verstanden
– Ich denke einfach nur, nimm mich mit, fick mich

durch, es ist mir egal, was du sagst, was du anhast, was du von mir denkst, ich habe keine Geduld für all diese Tänzchen heute

– Ja
– Schreibe das alles ganz klar in mein neu angelegtes Profil und denke, wer Bock hat, hat Bock. Und natürlich kommt erst mal nichts. Rekordzeit. Zwei Tagen, keine Anfragen. Wer hat Lust auf das schwarze Mädchen? Keiner hat Lust auf das schwarze Mädchen, natürlich nicht. Und dann meldet sich doch eine, nach Tagen und was ist mit ihr? Richtig, sie ist auch schwarz. Und doppelt so alt wie ich. Zuerst denke ich: War klar, dann denke ich: Warum nicht. Ohne Schminke und Heels ich also zu ihr.
Ich gehe zu ihr, und sie will erst mal reden. Na gut. Wir sitzen in ihrem Wohnzimmer auf dem Teppich, die hat doch tatsächlich einen Perserteppich und ein Klavier in der Ecke rumstehen, gießt ununterbrochen Champagner nach, lacht nervös. Es gibt dieses eine bestimmte Lachen, das presst sie aus sich heraus. Mir ist langweilig, also lasse ich meinen Blick wandern. Ihre Nylons haben ein Loch am Fußknöchel, es sieht aus, als wär ein Riss in ihrer Haut, so feine Schlieren, die sich die Wade hochziehen. Sonst, trotz ihres Alters, ziemlich gut in Form, schicke Seidenbluse und all sowas. Hinter ihr das Bücherregal, die Wohnung ist voll mit Büchern. Hinter ihr: Toni Morrison, James Baldwin, Chimamanda Ngozi Adichie
– Kenne ich nicht
– Dein Problem
– Ich auch nicht
– Also hinter ihr die gesamte Black-Panther-Fraktion und ich frage mich, warum eine wie sie mich aufgabeln muss, übers Internet, und dann auch noch Cham-

pagner in sich reinschütten, bis sie es machen kann, so wirkt sie gar nicht. Die wird mich doch eher gleich zu irgendeiner Black-Lives-Matters-Nummer rekrutieren, so eine ist sie, jedenfalls lacht sie so

– Wie
– So
– Zeig noch mal
– Wir sitzen mir dort zu lange auf dem Teppich rum, ich stehe auf und ziehe sie hoch, ziehe sie hoch, und sie umarmt mich und hält mich erst mal fest. Ja. Fährt mit den Händen meinen Rücken rauf und runter, noch nicht mal unter das Shirt. Rauf und runter. Na gut. Ich ziehe sie dahin, wo ich das Schlafzimmer vermute, und die zittert, als hätte sie Angst, ganz große braune Augen, wie von einem Reh. Kurz denke ich noch, oh nö, ich bin jetzt aber nicht ihre erste Frau, ich hasse es, Frauen zu entjungfern, bitte, bitte nicht, lass mich nicht ihre erste sein, lass sie einfach aufgeregt sein, aufgeregt sein ist okay, immerhin ist sie alt. Wenn die aufgeregt ist, weil sie sich vor mir ausziehen muss, ist das okay. Ich lege sie auf den Rücken, knöpfe langsam ihre Bluse auf, die macht oben so Geräusche, entspannt sich wohl, und ab dem vierten Knopf denke ich, irgendwie wird es hier heller. Lustig, denke erst noch, lustig, ihre Haut, reflektiert so hell, womit hat sie sich denn eingeschmiert, mit so einer Teenie–Schimmer–Creme, lustig. Ich küsse sie zwischen den Brüsten und versuche dabei an meine Ex zu denken, an ihre Haut, an ihre Brüste, frage mich, ob ich mich wirklich immer noch an ihren Geruch erinnern kann oder es mir nur einbilde, dass ich sie unter Tausenden erkennen würde. Ich versuche, mich zu erinnern, wie sie sich anfühlt, wie sie schmeckt. Sehe Bilder von ihr, wie sie weint, wie sie aus der Tür geht und ich ihr hinterher, denke, wenn sie

jetzt geht, habe ich für immer verloren. Nicht nur sie. Ich habe dann einfach verloren.

Also ich schweife immer wieder ab, die Frau unter mir macht so Lustgeräusche, als wäre sie eine digitale Anrufbeantworteransage und ich drücke Knöpfe.

– Wie
– Aaah
– Wie
– Ohh
– Wie noch
– Jetzt pscht
– Ja. Und dann
– Ja. Ich schaue auf die Haut, die ich küsse, und schaue genauer hin und versteh nicht so richtig, was ich sehe, denke, ist es das Licht
– Es ist doch dunkel
– Genau, es ist dunkel, denke ich, was weißt du schon, was du da siehst. Schaue zu ihr hoch in ihr verzerrtes Stöhnen da oben. Die Frau hat krause Haare, so wie ich, ihre Locken sind noch kleiner und ihr Gesicht ist so viel brauner als der Rest, der Körper ist zwar auch braun, aber es gibt Stellen, ich fahre mit meiner Zunge so über Stellen, wo ich denke, Michael Jackson oder wie, was hatte der noch mal für eine Krankheit, oder war das Transplantation, Hauttransplantation, ich denke, Moment mal, was ist das, ist sie eine, die sich bleicht, oder ist es andersrum, das ist doch kein Alterungsprozess hier, diese unregelmäßige Haut, das sind doch Bräunungscremeflecken.

Die kenn ich von anderen, die sich damit einschmieren. Ich drücke mich an ihren Beckenknochen hoch, da fallen mir die Fotos am Bettrand auf. Auf so kleinen Tischchen von beiden Seiten. Warum haben Menschen am Bett Fotos stehen, wie sind sie eigentlich drauf, schauen sie beim Vögeln hin und stellen sich vor, sie würden es eigentlich mit diesen Leuten machen, oder vögeln sie einfach gar nicht und es stört sie nicht, dass andere Gesichter sie anstarren, wenn sie es sich unter der Bettdecke selbst besorgen.

Jedenfalls schaue ich auf diese Fotos, die diese Frau, die so automatisch stöhnt, am Bettrand hat und das sind alles Weiße, Mami, Papi, Hochzeitsfotos, keine Ahnung, aber auf jeden Fall sind das knallharte Albinos, die da alle grinsen, als gäbe es was zu feiern. Mein Kopf rotiert von einem Foto zum anderen, bleibt dann an dem Gesicht kleben, das unter mir liegt, und ich schaue ihr noch mal tief in die Augen. Kontaktlinsen. Und der Rest auch, da stimmt was nicht.

Ich setze mich auf. Schaue auf ihren Körper, der windet sich noch kurz, ohne dass ich ihn anfasse, und friert dann reglos ein, sie drückt ihr Kinn ins Brustbein, schaut mich mit ihren großen Augen an, von denen ich also nicht mal die Farbe weiß. Blau, grün, grau? Ich zupfe ihr an den Locken und frage, ob es Dauerwelle ist

– Dauerwelle

– Schöne Korkenzieher

– Genau, schöne Korkenzieher. Ob sie schon immer krause Haare haben wollte, oder was wird hier gespielt. Sie springt sofort auf wie gestochen, fängt an, sich wieder anzuziehen, läuft ins Wohnzimmer rüber, und ich ihr hinterher. Sie gießt sich ein, nimmt einen großen Schluck, sieht mich an, hält mir ihr Glas hin, ich schlage es ihr aus der Hand, stelle mich ganz nah vor ihr Gesicht, kratze an ihrer Wange. Geht das ab?, frage ich, geht das ab? Sie schlägt meine Hand weg, ich ihre, und dann noch mal: Geht das ab? Sie: Ich rufe die Polizei. Ich: Mach doch! Und stecke meine Nase in ihre Lo-

cken. Ist das Henna, oder was machst du damit? Mhm, das riecht aber gut, mhm, hast du dich bis zwischen deine Beine mit Bräunungscreme eingeschmiert, bis zwischen deine Arschbacken, wir haben doch gerade erst angefangen, warum hast du dich angezogen, ich habe noch nicht alles gesehen?
Sie greift zum Telefon, ich bin schneller, zieh sie an ihren Korkenziehern runter auf den Perser, sie schreit und versucht um sich zu schlagen, ich greife mir ihre Arme und schleife sie ins Bad, sie windet sich wie ein Tier an langen Tentakeln, ab in die Badewanne mit ihr, natürlich hat eine wie sie eine schicke Zweipersonen-Badewanne, wie praktisch, unter einen Wasserstrahl, Wasser ihr ins Gesicht, auf den Bauch, zwischen die Beine, nehme einen Bimsstein und schmirgel an ihr herum, reiße ihr die schicke Bluse runter und bearbeite ihre Schultern

– Und Hals
– Und siehe da, das Wasser
– Wird braun
– Und rot
– Ihr läuft die Schminke runter, sie quietscht wie eine Schuhsohle, eine digitale Schuhsohle
– Quietsch quietsch
– Ich schmirgele an ihr rum, schmirgele weiter, bis es nur noch rot ist. Bis sie sich nicht mehr bewegt. Bis das Quietschen weg ist, nur Schnappatmung. Ich gehe raus ins Wohnzimmer, meine Klamotten sind nass, nehme mir die Flasche Champagner, trink einen Schluck, stelle mich vor das Bücherregal, nehme noch einen Schluck, schmeiße die Flasche gegen das Klavier, gehe raus auf die Straße. Frische Luft atmen

NANA Diskoschorle.
SELLAL Das ist zu groß für auf ex trinken.
EFRAIM Du hast Konfetti im Gesicht.
SELLAL Au.
EFRAIM Und hier und hier und hier.
SELLAL Du hast ganz rote Ohren.
EFRAIM Das liegt an dir.
SELLAL An Diskoschorle.
EFRAIM Auch.
SELLAL Die sind wirklich groß.
EFRAIM Habe ich von meinem Alten.
NANA Aber Großmutter, warum hast du so große Ohren?
EFRAIM Guck mal, ich kann mit denen wackeln.
SELLAL Oh Gott, mach das noch mal!
EFRAIM Das habe ich auch von meinem Alten.
SELLAL Versuchst du, mir damit zu zeigen, dass du mich magst?
NANA Versuchst du, ihr damit zu zeigen, dass du sie magst?
EFRAIM Versuch doch auch mal.
SELLAL Das kann ich nicht.
EFRAIM Weil du es noch nicht versucht hast.
SELLAL Au!
NANA Ef, lass sie, du reißt ihr noch das Ohr ab.
EFRAIM Ich mag dein Hemd.
SELLAL Danke.
NANA Woher hast du das?
SELLAL Ich –
EFRAIM Ich muss was gestehen.
NANA Oi.
EFRAIM Nana, ich beneide dich.

NANA Trink lieber.

EFRAIM Du gehst weg hier. Raus. Ich beneide dich. Du gehst.

NANA Ich gehe nicht raus, ich gehe rein.

EFRAIM Nein, schau mal, wir leben als wären wir zwanzig, haben graue Schläfen wie fünfzig, sind irgendwas zwischen dreißig und schlagmichtot und haben Angst vor ihm, dem Tod, weil wir davon ausgehen, dass irgendein Terrorist uns eh frühzeitig mitnimmt. Oder unseren Job. Darum hab ich vorsichtshalber keinen. Mir ist der Terrorist lieber. Aber ich muss mir trotzdem über all das den Kopf zerbrechen, du nicht. Du steigst aus. Ab morgen hast du vier Wände für dich, und in denen kannst du machen, was du willst. Und brauchst keine Ausreden, um rauszugehen und etwas zu tun. Ich muss mich fragen, ob ich Flüchtlinge in meine Wohnung reinlasse und ein guter Mensch werden will, aber du – du hast es hinter dir, kannst einfach du sein.

NANA Ich glaube, dafür habe ich noch nicht genug Diskoschorle getrunken.

SELLAL Kannst du nicht du sein?

EFRAIM Wer?

SELLAL Ich meine, was würdest du gerne tun?

EFRAIM Mit meinem Leben?

SELLAL Ja.

EFRAIM Ich kann nichts machen. Egal was ich anfange, es ist eine blöde Idee. Ich ersticke. Ich weiß nicht, ob du das verstehen kannst. Doch, vielleicht. Du vielleicht schon. Weil du auch erstickst.

SELLAL Ich ersticke?

EFRAIM Du atmest immer so flach.

NANA Ich kann mir das nicht anhören.

Nana geht Disko.

EFRAIM Vielleicht sollte ich auch was anstellen. Ich will auch rein.

SELLAL Gibt es nichts, was du dann vermissen würdest?

EFRAIM Sex.

SELLAL Zum Beispiel.

EFRAIM Aber sonst.

SELLAL Irgendwen?

EFRAIM Nein.

SELLAL Was ist mit deiner Familie?

EFRAIM Ich weiß nicht, ob es für sie einen Unterschied macht, wo ich nicht mit ihnen bin.

SELLAL Und wo sind sie?

EFRAIM Überall. Nicht hier.

SELLAL Vermisst du sie nicht?

EFRAIM Vielleicht würde ich sie vermissen, wenn ich in den Knast müsste. So – nein, ich vermisse sie nicht.

SELLAL Hast du keine schönen Erinnerungen? An deinen Vater.

EFRAIM Nein.

SELLAL Außer die großen Ohren.

EFRAIM Gar keine.

SELLAL Ich vermisse meinen.

EFRAIM Warum?

SELLAL Mein Vater hat mir jeden Abend zum Einschlafen vorgelesen, bis ich zwanzig war setzte er sich zu mir ans Bett und las mir vor. Nasreddin Hodscha.

EFRAIM Und das hat er gemacht, bis du deine Sachen gepackt hast und abgehauen bist.

SELLAL Ich konnte nicht mehr die Metro nehmen, nicht in den Bus steigen. Manchmal nicht vor die Tür. Er hat gesagt, geh, du kannst sein, wer immer du willst. Du musst hier nicht bleiben. Er hat es so nicht gesagt, aber ich weiß, er hat es verstanden. Hat er.

EFRAIM Bestimmt hat er das.

SELLAL Außer Tee und den Fernseher und mich hatte er auch nichts, ich musste da einfach weg. Ich wollte. Schon immer, aber ich konnte es ihm vorher nicht sagen. Der hat doch nicht mehr so lange. Und dann konnte ich doch. Bin ich einfach.

EFRAIM Hast du die ganze Zeit Angst, seitdem, oder ist es nur noch eine Erinnerung?

SELLAL Wenn ein Auto bremst vielleicht, und wenn jemand an mir zu schnell vorbeiläuft auch. Wenn Menschen schreien. Wenn etwas platzt.

EFRAIM Das mit der Bombe, das kann auch hier passieren. Es kann hier jederzeit losgehen. Darauf warten alle. Manchmal glaube ich, die Leute warten richtig. Sind neidisch, weil bei uns noch nichts hochgegangen ist. Nicht dass sie sterben wollen. Aber sie wollen dabei sein, wenn andere es tun. Was macht dich sicher, dass du hier sicher bist?

SELLAL Gar nichts. Aber irgendwo muss ich sein.

EFRAIM Bei mir?

SELLAL Was ist mit dir?

EFRAIM Hast du keine Angst bei mir?

SELLAL Soll ich?

EFRAIM Ich frage mich, warum Leute beieinander sind. Nicht sind, sondern dann auch bleiben, nicht gehen, ständig gehen, weggehen, der Grundgedanke bei der Suche ist doch nicht, ich habe die richtige Person getroffen, die perfekte. Der Gedanke ist doch, ich habe jemanden getroffen, die genauso bescheuert ist wie ich. Und darum wird sie mich aushalten, und ich sie, und zusammen kriegen wir eine bescheuerte Welt, in der wir nicht auffallen, weil wir nach gleichen Regeln funktionieren, und wir ziehen sie groß und ziehen uns in einander groß und bleiben dort, bleiben dort bis zum ersten Erdbeben. Und dann – mal sehen.

SELLAL Warum ist Re gegangen?

EFRAIM Was?

SELLAL Warum ist Re gegangen? Sie hat es mir nicht gesagt.

EFRAIM Dann sollst du es vielleicht auch nicht wissen.

SELLAL Weißt du es?

EFRAIM Ja.

SELLAL Und?

EFRAIM Hat sie so gar nichts gesagt?

SELLAL Nein.

EFRAIM Du kennst doch diese Westtussis, die in ein Dritteweltland gehen, um mal aufzutanken, weil da die Menschen so viel offener sind, und das Wetter besser?

SELLAL Aber nicht Re, sie gehört nicht dazu.

EFRAIM Woher willst du das wissen?

SELLAL Ich glaube es einfach.

EFRAIM Glaub, was du willst.

SELLAL Und was glaubst du?

EFRAIM Ich glaube, sie war plemplem. Ist.

SELLAL Sie ist was?

EFRAIM Plemplem. Gaga? Nicht ganz richtig im Kopf.

SELLAL Das verstehe ich nicht.

EFRAIM Die hat nicht alle Tassen im Schrank, bei ihr ist eine Sicherung durchgebrannt.

Nana wieder da.

NANA Bei dir ist eine Sicherung durchgebrannt?

EFRAIM Ja.

NANA Endlich siehst du es ein.

SELLAL Ich habe Efraim gefragt, warum –

EFRAIM Wollen wir Karussell fahren? Ich glaube, ich habe jetzt genug intus.

NANA Wer als erster kotzt, darf die Braut küssen.

EFRAIM Ja! Wollten wir nicht alle heiraten?

NANA Wer ist die Braut?

EFRAIM Ich.

SELLAL Ist Re etwas passiert?

NANA Was?

SELLAL Ist Re etwas passiert, ist sie krank gewesen?

NANA Wie kommst du darauf?

SELLAL Wegen Sicherung durchgebrannt.

NANA Ach, bei ihr Sicherung durchgebrannt.

SELLAL Weil sie so schnell gegangen ist, und ihr nicht darüber reden wollt.

EFRAIM Aber du fragst trotzdem andauernd.

SELLAL Ich würde gern mit ihr sprechen.

NANA Warum? Du kennst sie nicht.

SELLAL Ich habe mir ihre Sachen angeschaut, ich glaube, sie ist toll.

EFRAIM Von den Büchern an der Wand kannst du das sagen.

SELLAL Ja, und von den Fotos.

NANA Was für Fotos?

SELLAL Die hat tolle Fotos von ihrer Familie in den Schränken.

NANA Und?

SELLAL Die Fotos erinnern mich an die Fotos von meiner Familie.

NANA Alte Menschen grinsen halt überall gleich.

EFRAIM Die sind vom Flohmarkt.

SELLAL Hä?

EFRAIM Die sind vom Flohmarkt, die Fotos.

SELLAL Warum hat sie Fotos vom Flohmarkt –

EFRAIM Weil es Leute gibt mit diesem Müllfetisch. Die gehen auf den Flohmarkt und geilen sich auf an dem Licht einer Lampe aus den Vierzigern. Die hing höchstwahrscheinlich vorher in irgendeinem KZ, aber die Leute finden das schön. Irgendwie authentisch. Und sie haben recht, authentisch ist es ja.

NANA Ef, ist gut.

EFRAIM Und alte Fotos holen sie sich dann auch und stellen sie sich ins Regal unter dieses Vierziger-Jahre-Licht. Dann können so Romantikerinnen wie du denken, das sind aber schöne Großeltern gewesen.

SELLAL Nicht ein Foto ist echt?

EFRAIM Echt sind sie alle.

NANA Du weißt überhaupt nicht, wie Re aussieht, oder?

SELLAL Jetzt glaube ich – nein.

NANA So wie du. Sie sieht aus wie du.

SELLAL So wie ich?

EFRAIM Ist gut, lass uns Karussell fahren.

NANA Du hast Recht, Re war krank. Ist richtig. Aber nicht so, wie du denkst. Oder doch. Weiß ich nicht, was du denkst. Ich weiß nicht mal, was ich denke. Vielleicht nicht krank, verwirrt. Sie war verwirrt, nicht wirr, sie war nie wirr. Ihre Augen sprangen manchmal so durch den Raum wie Gummibälle, die konnte manchmal nicht fokussieren, da hast du gedacht, sie spielt Billard mit ihren Augen im Raum. Sie war ein fröhlicher Mensch. Sie ist. Ein fröhlicher, aufgeschlossener Mensch, keine Voodoo Nummer jetzt, sie war in Ordnung. Vielleicht etwas müde manchmal, aber das sind wir doch alle. Müde manchmal. Sie hat keine Pillen genommen, auch Drogen nicht, ich wollte mal mit ihr Pilze essen, hat sie abgelehnt, verträgt sie nicht, sagt sie, sie war schon fast straight edge, also nicht wirklich, sie hat schon getrunken. Keine Alkoholikerin, aber wie wir halt alle viel trinken manchmal.

EFRAIM Prost.

NANA Prost.

EFRAIM Ich habe Tage gebraucht, um zu verstehen, dass sie überhaupt ganz weg ist. Ich wusste nie, ob sie da ist oder nicht, ob sie in der Stadt ist, ob sie nachhause kommt, ob sie alleine ist.

NANA Einmal, da ist sie in mein Zimmer rein und ich dachte, sie ist betrunken, war sie aber nicht. Wie eine schreiende Katze hat sie geguckt. Aber ohne Ton. Hat mir ihre Arme hingestreckt. Das war eklig.

EFRAIM Wie?

NANA Alles aufgeritzt. Aber hey, ich dachte, das machen wir alle doch mal.

EFRAIM Ich mache das nicht. Machst du sowas?

SELLAL Nein.

NANA Die hatte so eine Geschichte mit einem Typen, das wusste ich, und dass der Typ nicht ganz koscher war, wusste ich auch. Wenn sie Drogen genommen hätte, hätte ich gedacht, ihr Dealer, aber es war einfach irgendwer. Person irgendwer, sie hat nie was über ihn gesagt. Und da schon. Mit ihren aufgerissenen Armen. Irgendwas von: er mache ihr Angst, und dann aber gleich: sie mache ihm Angst, und so ganz wirres Zeug, versteh das mal. Die blubbert da irgendwas, immer und immer wieder, und ich hatte nicht das Gefühl, sie will reden über die Geschichte, ich hatte auch nicht das Gefühl, dass sie unglücklich ist, das klingt jetzt komisch, ich weiß, aber sie wirkte, na ja, verliebt eher, es sah eher nach Sehnsucht bei ihr aus als nach einem Selbstmordversuchhilfeschrei, ach, was weiß ich.

SELLAL Und warum ist sie nicht zum Arzt, sondern weggegangen?

EFRAIM Da wären wir wieder bei den Westtussis, die–

SELLAL Ja, aber warum hast du sie gelassen, wenn sie krank ist?

EFRAIM Ich bin nicht ihr Vater.
NANA Ich auch nicht.
SELLAL Und dann war sie weg.
EFRAIM Du verstehst das nicht, es ist nicht so, dass etwas passiert ist und ab da ist ihr Kopf Karussell gefahren. Bei ihr war das Karussell auch so schon vorher am Drehen. Man konnte nie wissen. Nie.

Die Zusammensetzung von Sellal

– Ich
– Schon mal ein guter Anfang
– Ich
– Ja
– Genau
– Wir haben es jetzt
– Ich. Schreibe gern Briefe
– An wen
– Warum
– Einfach so
– Ich schreibe gern
– Ins Nichts
– Liebe Du, liebe
– Nana
– Zum Beispiel
– Efraim
– Okay
– Liebe Re
– Was ist das für ein Name
– Jetzt
– Liebe Re, ich gieße die Blumen auf deinem Balkon
– So etwas
– Mir geht es gut mit

– Efraim
– Und Nana
– Und denen mit dir
– Uns geht es gut
– Uns – schön
– Weiter
– Ich gehe jeden Tag ins Büro durch die Münchener Straße rein in die
– Elbe
– Danke
– Und in Gedanken bin ich noch in meinem Viertel
– Dort halt
– Ja
– Ich verbinde die beiden Städte, als würde ich durch beide gleichzeitig gehen
– Sind sie ähnlich
– Bluescreen, der Hintergrund wird ausgewechselt
– Bluescreen
– Der Himmel ist ein –
– Erst die Moschee
– Dann das Schauspielhaus
– Dann der Bakkal, dann Kiosk
– Es wird gehupt, Hochhäuser
– Die verlassen aussehen
– Falafelgeschäfte
– Ich kriege Hunger, ich muss
– Geld abheben
– Suche den Automaten
– Ein Mann liegt da, vor der Bank
– Erst will ich ihn wegschieben
– Sieht aus wie Huckleberry Finn, ausgestreckt quer über den Bürgersteig
– Jahrhundertealt
– Sieht mich an, macht ein Victoryzeichen

– Ich bleibe stehen, schau ihn an, mache auch ein Victoryzeichen
– Peace
– Friede
– Nein, Sieg
– Der Mann schlägt seine Finger mit dem Victoryzeichen mehrmals auf die Lippen
– Er will eine Zigarette
– Ich gebe ihm meine ganze Packung und die Streichholzschachtel, die ich eigentlich behalten wollte als Erinnerung an diese eine Bar, in der ich gewesen bin und die ich jetzt nicht mehr wiederfinden werde
– Ich kenne ihn
– Wird mir klar, schaue hin
– Ich kenne ihn
– Den Mann
– Aus meinem Viertel
– Wo meine Straßen sind
– Mein Vater
– Da, wo ich nicht mehr sein kann
– Der Mann also
– Er hat immer Flöte gespielt auf der Straße
– Der Hauptstraße, der Einkaufshauptstraße
– Der Straße, wo
– Der Straße, genau
– Genau da und genau dann habe ich ihn gesehen. Er hat in seine Flöte geblasen und ich blieb stehen und musste ihn anstarren, seine Pupillen waren zusammengerutscht zur Nase. Große, weiße Murmeln, die ihm übers Gesicht rollten
– Saß er immer da
– Ich weiß nicht warum, ich blieb stehen
– Einfach so
– Er blies in das Holz, ich konnte nicht wegschauen,

seine Haare standen so ab und er verdrehte seinen Kopf, als wäre er locker, beim Spielen

– Dann, es war genau dann
– Genau da und genau dann
– In diesem Moment
– Als es passierte
– Als die Bomben hochgingen, stand ich vor ihm. Einfach so
– Die Explosion ereignete sich am anderen Ende
– Der Straße. Aber man spürte sie überall
– Bis in alle Ecken
– Und fuhr in einem Rutsch bis unter unsere Füße, als wäre das Erdbeben endlich da, das Erdbeben, auf das alle in dieser Stadt warten
– Aber das war kein Erdbeben, da hat sich einer in die Luft gesprengt
– Auf deinem Weg zur Arbeit
– Und wärst du nicht stehen geblieben und hättest dem Mann mit der Flöte zugehört
– Genau. Wäre ich nicht
– Genau
– Vermutlich
– Genau
– Dort
– Wo das Erdbeben eines Mannes von innen nach draußen vier Menschen in den Tod gerissen hat
– Dutzende Verletzte
– Sechsunddreißig
– Oder noch mehr
– Wäre ich nicht stehen geblieben, wären meine Arme und Beine genauso durch die Luft geflogen wie die von den anderen, die an der Shopping Mall gerade vorbeigegangen sind, wo dieser Mann sich, wo er von drinnen nach draußen

– Bist du aber nicht
– Nein
– Du bist heile, ihr beide
– Der alte Mann mit den Murmeln im heilen Gesicht
– Hat aufgehört zu spielen, der lockere Kopf Richtung Erdbeben
– Ganz heile
– Kann man nicht sein
– Alles war dran und wackelte lose, wie es auch vorher gewackelt hat. Wir haben beide in die Richtung der Schreie geschaut und dann weiß ich nicht mehr, was war
– Und dann
– Wie lange hat es gedauert
– Die Starre
– Die Angst
– Panik
– Bett einnässen
– Nachts aufwachen
– Wie lange
– Oder war nichts von dem
– Starre. Panik. Angst
– Träumen von blutigen Gesichtern
– Wie du stirbst
– Kann man nicht träumen
– Nein. Ich bin lange nicht hin
– Im Bett geblieben
– Und dann musste ich. Irgendwann musste ich. Zur Arbeit. Über diese Einkaufsstraße, wieder. Und es ging. Ich ging einfach rüber. Schritt Schritt Schritt
– Aber der Flötenspieler war weg
– Und dann ist er da
– Hier. In dieser Stadt. Das ist er doch, das sehe ich doch
– Ja
– Du bist so weit abgehauen, und es ist überall dasselbe

– Bluescreen. Der Hintergrund flackert
– Da liegt er
– Unter einem Bankautomaten
– Bluescreen
– Beim Bahnhof
– Eklige Gegend
– Liegt da und macht Victoryzeichen. Seine weißen Murmeln rollen zusammen zur Nase
– Ich setze mich zu ihm, und mir fällt das deutsche Wort für Flöte nicht ein, also frage ich nicht
– Wo seine Flöte ist
– Ich weiß auch nicht, ob ich mich trauen würde, wenn ich das Wort hätte, habe ich aber nicht. Ich setze mich zu ihm auf den Bürgersteig, und wir
– Teilen Zigaretten
– Bis die Schachtel leer ist
– Das dauert
– Nicht so lange
– Rauchen
– Nicht so lange
– Sagen nichts
– Lange
– Das alles schreibst du
– Das alles und
– Liebe Re

Re

Ich weiß nicht, ob wir gestern gesprochen haben, oder vorgestern, oder vor einem Monat, es fühlt sich alles an wie Brei. Alles ist ein Déjà-vu, ich habe kein Verhältnis zur Jetztzeit.
Hast du gemacht, was ich dir gesagt habe?

Ich vermisse dich so schlimm, dass ich lachen muss. Manchmal. Einfach so. Ich glaube, ich bin abhängig, du hast mich abhängig gemacht von dir, wie hast du das gemacht?
Gehst du Leute treffen? Mal raus.
Ich weiß nicht, wie das geht.
Wie schwer kann das sein.
Da muss man was zu sich sagen, ich weiß nicht, was ich zu mir sagen soll.
Denk dir was aus.
Heute hat das Blut so gegen meine Schädeldecke gehämmert, dass mir schwindelig wurde. Ich legte mich auf den Boden, ich wollt nicht hinfallen. Da war ein Kribbeln in meinen Beinen, kroch den Körper hoch. Ich habe nicht so viel gesehen, es hat sich verknotet im Hals, es zog sich wie Fäden zusammen zu einem Knäuel und presste die Luft nach unten. Ich schnappte und schnappte und schnappte, und dann machte es wie plopp, als würde ein Korken rausfliegen – und ich konnte wieder atmen und scharf sehen, und es ging wieder, ich konnte aufstehen und ein bisschen gehen. Zum Sofa. Mein Gang fühlte sich komisch an. Ich setzte mich hin. Das Sofakissen machte ein Geräusch. Ich legte meine Hand auf den Stoff. Er war feucht. Es kam aus meiner Hose. Ich habe mich eingeschissen.

Entkleiden

NANA Zieh das aus!
SELLAL Was?
NANA Zieh das Hemd aus!
SELLAL Nein!
NANA Was glaubst du, wer du bist?

SELLAL Hör auf damit!
NANA Mach das nicht.
SELLAL Was denn, ich verstehe nicht.
NANA Zieh das sofort aus!
SELLAL Warum?
NANA Das ist Res Hemd.
SELLAL Das Hemd lag hinter dem Sofa. Ich dachte, sie will es nicht mehr haben.
NANA Hast du sie gefragt?
SELLAL Ich habe es reinigen lassen. Die Knöpfe angenäht.
NANA Du darfst das nicht tragen.
SELLAL Warum denn nicht?
NANA Das ist ein böses Zeichen.
SELLAL Du bist betrunken.
NANA Es kann doch nicht sein!
SELLAL Was denn?
NANA Ich schaue dich an, und es kann doch nicht sein.
SELLAL Ich lege es zurück. Aber ich kann es jetzt nicht ausziehen.
NANA Es kann doch nicht sein, dass wir alle so ersetzbar sind.
SELLAL Warum?
NANA Du hast ihr Zimmer umgeräumt.
SELLAL Habe ich nicht.
NANA Das darfst du nicht.
SELLAL Ich habe nichts verändert.
NANA Du zerkratzt den Boden. Ist nicht unsere Wohnung.
SELLAL Ich zerkratze?
NANA Ist die Wohnung von Efraims Vater.
SELLAL Ist er deswegen so nervös?
NANA Er ist immer nervös.
SELLAL Er sagt komische Dinge.

NANA Fickt ihr?
SELLAL Tun wir nicht.
NANA Hast du das vor?
SELLAL Was? Nein.
NANA Tu es nicht.
SELLAL Tu ich nicht.
NANA Tu es nicht.
SELLAL Ja. Okay.
NANA Ich mein das ernst.
SELLAL Hast du Angst, du guckst so herum?
NANA Ich suche mein Date.
SELLAL Dein Date.
NANA Ja, ich habe mir ein Date organisiert.
SELLAL Hier?
NANA Will doch nicht die einzige in der WG sein, die nicht zum Stich kommt. Einem echten. Nicht immer nur virtuell. Bevor es rein geht.
SELLAL Wir schlafen nicht miteinander.
NANA Ist gut. Geht mich nichts an.
SELLAL Was ist mit Efraims Vater, warum redet er ständig von ihm?
NANA Ist vielleicht so ein Ding von Juden. Ne, warte. Normalerweise reden sie ja ständig von ihren Müttern, unser Efraim ist halt etwas ganz Besonderes.
SELLAL Er ist –?
NANA Ja, was dagegen?
SELLAL Nein, er hat es einfach noch nicht erzählt.
NANA Ja, ja, der sagt zwar nichts dazu, aber jüdischer als dieser Schmock kann man nicht sein. Der tut so, als würde er nicht verstehen, dass ich einer weißen Schlampe, die sich schwarz anmalt, eine Abreibung verpasst habe. Kann aber zwei Wochen nicht vor die Tür gehen, wenn man etwas gegen Juden sagt.
SELLAL Passiert das oft?

NANA Der ist früher noch zu Vorstellungsgesprächen gegangen. War ja nicht immer so. Und wenn er wiederkam, hat er rumgeheult, dass die wieder irgendwas gesagt haben von wegen, ah, Sie sind Jude, dann können Sie bestimmt gut zählen, oder sieht man an der Nase, oder all das, was man dann halt so sagt. Und ich sagte ihm dann, was regst du dich auf, das ist doch Tradition. Zweitausend Jahre alte Tradition. Ich wünschte, es würde eine Weltverschwörung der Juden geben. Ich habe doch nichts dagegen. Das sage ich ihm dann, wenn er heult.

SELLAL Aha.

NANA Re hat damals einen Typen der Vergewaltigung bezichtigt.

SELLAL Wie bitte?

NANA Sie hat einen Typen der Vergewaltigung bezichtigt und dann zurückgezogen. Sie hat gesagt, sie weiß doch nicht, ob es passiert ist.

SELLAL Was heißt das?

NANA Weiß ich nicht.

SELLAL Aber.

NANA Ja, eben.

SELLAL Was heißt das?

NANA Du wolltest es wissen.

SELLAL Ja.

NANA Jetzt weißt du es.

SELLAL Ja.

NANA Was weißt du?

SELLAL Weiß ich nicht.

NANA Eben, genau, du weißt gar nichts.

SELLAL –

NANA Irgendwie war für mich die Sache klar, und ich dachte nur die ganze Zeit, beschütze sie, beschütz die Kleine, sie redet nicht, isst nicht, ihre Augen werden immer größer. Der Typ, das war so ekelhaft, ich wollte

ihm die Haut von den Knochen, wenn ich ihn treffe – und dann sagt sie, sie weiß es doch nicht.
Weil bei ihr dieses Ding mit der Sicherung ist. Sie weiß manchmal Sachen nicht. Kann sie nicht zuordnen. Nicht zusammenbringen. Mit wem wann was.
Ich weiß nicht, was ich glauben soll.
Wenn sie sich selbst nicht glaubt –
Der Typ hat jedenfalls behauptet, er sähe sie zum ersten Mal in seinem Leben. Aber sie hat ihn beschrieben bis ins kleinste Detail.
Und ab da hat sie nur noch dieses Hemd getragen.

Die Zusammensetzung von Re

– Meine Handgelenke. Es sind meine Handgelenke
– Deine
– Hand
– Zeig mal
– Das hier
– Ja
– Ist lila
– Okay
– Und grün
– Und
– Sie sind grün, weil
– Ich will mich an dich erinnern
– An ein Du
– Ja
– Es gibt ein Du
– Ja, ich will das Du, ich will mich erinnern. Ich bohre meine Fäuste solange in die Unterarme, bis etwas passiert
– Was

– Nichts. Bis nichts passiert. Es passiert nichts, es reicht nicht
– Bohrst nicht stark genug
– Schlägst
– Genau. Nicht stark genug, um sich zu erinnern, immer und immer wieder
– Noch mal
– Schlag noch mal
– Mach das noch mal
– Nein, es reicht nicht, es reicht einfach nicht
– Und dann
– Und dann gehe ich zur Tür
– Raus
– Nein, ich bleibe an der Tür stehen. Halte mich an dem Rahmen fest, mit diesen Fingern
– Sind kalt
– Feucht
– Halte mich fest, mit der anderen Hand den Türgriff, schlage auf und zu
– Auf und zu
– Auf und zu
– Noch mal
– Drücke gegen die Gelenke
– Tür auf
– Bis ich etwas spüre
– Tür zu
– Bis etwas platzt, ich fühle es platzen
– Unten drunter
– Ja
– Und dann die andere Hand. Beide
– Bis sie lila sind
– Und dann laufe ich los
– Raus
– Ich renne

– Los
– Ich renne durch die Stadt, lasse die Tür offen. Lasse meine Arme hängen
– Durch die Stadt
– Welche Stadt
– Ich renne durch die Stadt, sie ist leer
– Ohne das Du
– Sie ist leer. Sonst sitzen immer so viele Menschen in den Cafés. So eine Stadt ist das. Wo alle immer in Cafés auf der Straße sitzen, mit den Stühlen zur Straße hin. Nicht zueinander, sie schauen sich nicht an, die Stühle, sie schauen auf die Passanten
– Auf dich
– Ich bin die einzige. Alles leer
– Tun sie weh
– Die Handgelenke
– Tun nicht weh. Der Wind kühlt sie
– Mit Wind um die Handgelenke
– Um den Kopf
– Alles leer
– Ich renne, kann nicht stehen bleiben, Schweiß in den Kniebeugen, die Füße tragen von alleine, tragen den Rest, diesen ganzen Rest, der so schwer ist, ich begreife überhaupt nicht, wie sie das schaffen, aber sie tragen mich
– Tip tap
– Renn renn
– Es zieht mich Richtung Boden, aber ich falle nicht. Ich zerfalle nicht, ich renne. Ich denke an dich
– Dich
– Dich
– Mich?
– Ich denke so lange an dich, bis ich nicht mehr weiß, wohin ich abbiege, und wie oft. Das ist gar nicht die

Straße, die ich kenne, von der ich denke, die muss jetzt kommen, ich biege noch mal ab, immer noch nicht, laufe zurück zu dem Platz, den ich nicht wiederfinde, stehe am Ufer und bin plötzlich nicht mehr sicher, ob das die Wolga ist oder der Main, der vor mir plätschert

– Rio Douro
– Der Aras
– Cedar
– Und die Luft
– Ist sie schwer
– Riecht sie
– Reicht sie
– Sie ist kühl, umhüllt wie Watte
– Kannst du atmen
– Ich spüre nichts, nicht die Gelenke, nicht meinen Kopf, ich spüre nichts, meine Umrisse in ihr, sie hält mich fest
– Dass du nicht umfällst
– Ich balle meine Fäuste und strecke die Finger, als würde die Luft an ihnen ziehen, ich nehme sie ihr wieder weg, wir spielen gegeneinander. Meine Handgelenke sind taub, ich versuche nach deiner Hand zu greifen
– Gib
– Her
– Deine Hand, die ich irgendwo erahnte, irgendwo neben mir, die Schulter deines Mantels an meiner, ich greife nach dir in einer Stadt, von der ich nicht sagen kann welche. Renne weiter. Etwas vibriert
– Endlich
– In der Tasche
– Eine Nachricht
– Von Du
– Von dir
– Auf meinem Display erscheint deine Hand. Ich bleibe stehen

– Es geht
– Ich stehe
– Es geht
– Muss mich setzen
– In eines der leeren Cafés
– Es geht
– Nur der Kellner schwirrt herum
– Wie eine Fliege
– Ich bestelle Tee, Ingwertee, und schaue auf die gelbliche Innenfläche auf meinem Handy. Als hättest du mit deinen Händen schon immer Schweres angepackt, dabei hast du nie etwas anderes in ihnen gehalten als Handgelenke von Frauen. Ich schaue in den Himmel und sehe deine Hände über mir. Lila
– Es riecht scharf
– Es riecht nach
– Ich
– Ich stecke das Handy weg und sehe zu, wie die Fleischstückchen des Ingwer ihre Farbe an das Wasser abgeben, dann hole ich noch einmal das Telefon heraus und werfe es in das Teeglas hinein
– Plopp
– Nein. Es macht keine Geräusche. Versinkt in dem weichgekochten Fleisch, ich rühre um
– Blubb blubb
– Keine Geräusche
– Ich winkele meine Beine an. Stehe wieder auf. Lasse das Glas stehen
– Das Kleingeld auf dem Tisch
– Stehe wieder auf
– Es geht
– Laufe weiter
– Es geht
– Lasse die Arme baumeln

Wie ein echter Daddy

NANA Ich muss mich dran gewöhnen.

EFRAIM Woran?

NANA Ich muss mich jetzt erstmal dran gewöhnen.

EFRAIM Ja?

NANA Ich muss mich dran gewöhnen, dein dummes Gesicht bald nicht mehr zu sehen.

EFRAIM Ach so.

NANA Ich finde es schade.

EFRAIM Ich auch.

NANA Ja.

EFRAIM Danke.

NANA Bitte.

EFRAIM Willst du drüber reden?

NANA Nein.

EFRAIM Lieber vergessen.

NANA Kann nicht, geht nicht, warum auch.

EFRAIM Weil es dann weniger weh tut.

NANA Tut es nicht. Wenn ich so tue, als würde ich vergessen, tut es noch mehr weh. Je mehr ich trinke, desto klarer habe ich es.

EFRAIM Was?

NANA Dass ich totale Scheiße gebaut habe.

EFRAIM Ja.

NANA Und dass ich Angst habe, eine scheiß Angst davor, was sie mit mir dort machen, und – dass mir Worte fehlen, dass mir Worte entfallen, Wort für Wort, es wird immer weniger, was ich sagen könnte zu irgendwas. Als wäre ich eine Ausländerin, und mir fallen Worte nicht ein, sondern aus, ich muss anhalten und überlegen, gibt es das Wort wirklich oder habe ich es mir gerade ausgedacht?

EFRAIM Wie Sellal.

NANA Kriegst du das mit ihr hin?
EFRAIM Was soll ich mit ihr hinkriegen?
NANA Du weißt, was ich meine.
EFRAIM Ich bin nett zu ihr.
NANA Sie ist grad erst angekommen.
EFRAIM Ich helfe ihr dabei anzukommen.
NANA Hast du sonst niemanden, an dem du deine Einsamkeit verhandeln kannst?
EFRAIM Doch, dich, aber du springst ja nur auf Mösen an.
NANA So eine Fotze wie du eine bist, müsste ich dich eigentlich lieben.
EFRAIM Du liebst mich ja auch.
NANA Das stimmt.
EFRAIM Ich dich auch.
NANA Hast du mit Re gesprochen?
EFRAIM Wann meinst du?
NANA Du hast so einen Blick, skypt ihr manchmal, schreibt ihr euch, wo ist sie? Sprecht ihr manchmal?
EFRAIM Nein. Keine Ahnung. Du?
NANA Ich glaube, sie ist in der Türkei. Oder in Portugal. Am Anfang schrieb sie was von Brücken, könnte Lissabon sein.
EFRAIM Oder Tokio oder St. Petersburg.
NANA Hast du nicht manchmal ein schlechtes Gewissen?
EFRAIM Das ist was für Protestanten.
NANA Ich meine es ernst.
EFRAIM Nein.
NANA Dass sie weg ist.
EFRAIM Nein.
NANA Vermisst du sie nicht?
EFRAIM Die Socken in der Müslischale?
NANA Ich fand sie eigentlich immer ganz ordentlich. Zu ordentlich. Fast spießig, mich hat's genervt.

EFRAIM Die Wärmflasche, sie ist immer mit dieser Wärmflasche rumgelaufen und hat sie dann im Flur auf dem Boden liegen lassen, wenn sie zu kalt war, ich bin ständig drüber gestolpert.

NANA Sie war immer kalt, die Wärmflasche. Ihr war ständig zu heiß, darum zog sie ihre Kleidung an allen Ecken der Wohnung aus. Weißt du noch, wie ihr Schweiß roch? Wie Eier.

EFRAIM Die Typen, die sie nach Hause gebracht hat, auch.

NANA Sie war so laut.

EFRAIM Ich wollte mal die Bullen rufen und sagen, meine Mitbewohnerin wird gerade abgeschlachtet. Habe sogar die Nummer gewählt und dann habe ich mir vorgestellt, wie sie ihr die Tür eintreten, und sie nackt auf irgendeinem Typen, habe dann aufgelegt.

NANA Bin ich eigentlich leise genug?

EFRAIM Ich dachte, du bist Jungfrau.

NANA Ich vermisse sie.

EFRAIM Hast du ein schlechtes Gewissen?

NANA Ich denke, ich hätte sie – ich hätte doch, da ist doch was, ich hätte mit ihr vielleicht zum Arzt gehen sollen oder irgendwas, irgendwas machen, da verschwindet einfach eine Person an deiner Seite, wird schmaler und schmaler und sagt nichts, und du gehst zur Arbeit, kommst zurück und sie ist nicht da.

EFRAIM Wirst du sentimental, weil du in den Knast musst?

NANA Habt ihr mal was miteinander gehabt?

EFRAIM Was?

NANA Du hast mich gehört.

EFRAIM Du meinst, ob ich meine Einsamkeit an ihr verhandelt habe?

NANA Wie auch immer du das nennen willst.

EFRAIM Sie wollte es mal, kam in mein Zimmer, hat sich auf meinen Schoß gesetzt.

NANA Ich wette, sie würde die Geschichte anders erzählen.

EFRAIM Dann frag sie doch.

NANA Ich frage dich.

EFRAIM Ich habe sie runtergenommen von meinem Schoß, wollte ihr einen Tee machen. Sie hat so gezittert, am ganzen Körper. Ihr Schweiß roch, ja eben, ich weiß noch, wie. Sie hat wie durch mich durchgeguckt. Aber mich nicht gehen lassen, hat sich festgekrallt. Dann hat sie rumgemurmelt.

NANA Was rumgemurmelt, was hat sie rumgemurmelt, worüber?

EFRAIM Weiß ich nicht. Angst. Sie hat Angst. Aber Angst wovor, habe ich nicht verstanden. Und dann hat sie mir ins Gesicht gepackt. Hat auf meine Wange gedrückt, als wäre sie eine Hupe. Ihre Wimpern in meine verhakt. Wollte mich küssen. Ich habe ihre Hände runtergenommen, und sie hat nicht aufgehört.

NANA Und dann?

EFRAIM Und dann nichts.

NANA Hast sie rausgeschmissen.

EFRAIM Habe sie in eine Decke gewickelt.

NANA Wie ein echter Daddy.

EFRAIM Sag das nicht.

NANA Bei mir war es ähnlich. Da war so ein Anruf. Ziemlich am Anfang, als ich eingezogen war. Ich kannte sie nicht. Nicht so gut. Sie rief mich an, sagte: ich habe da diesen Typen getroffen, er will mir helfen. Er sagt, er kann helfen.
Und ich – weiß ich, was sie nimmt? – mache Scherze: Halte dich von den Crackheads fern.
Nein, nein, das ist er nicht

Nein, das ist er nicht
Und lacht, sie lacht so, na, wie jetzt, anders halt
Fröhlich, ja sie lacht fröhlich, die Stimme kannte ich so nicht, sonst war sie ja eher Hall
Du denkst jetzt ich bin high aber ich bin nicht high ich bin glücklich
Es ist dasselbe, Re, was ist los mit dir, brauchst du Hilfe?
Sie lacht
Sag mir, wo du bist, ich komm hin
Tust du nicht
Doch, sag mir, wo du bist
Tust du nicht tust du nicht tust du nicht du kommst nicht niemand kommt jemals
Doch, ich komme, sag mir, wo du bist
Ich helfe dir zu vergessen er sagt er kann mir helfen dann geht alles weg
Und sie lallt nicht, aber da ist etwas in ihrer Stimme, die ist so tief, so berauscht, dass mir klar wird, wenn ich sie jetzt nicht finde, ist sie vielleicht tot
Sag mir, wo du bist
Alles wird gut
Sag mir sofort, wo du bist
Alles wird gut mach dir keine Sorgen
Ich soll mir keine Sorgen machen, du sagst mir jetzt –
Und es tutet in meinem Ohr, und ich laufe los und weiß, jetzt muss man sowas denken wie: ich suche die gesamte Stadt ab, aber ich kenne diese Stadt nicht, ich bin neu hier, ich weiß nicht wohin, und dann musste ich auch gar nicht, sie liegt vor dem Kiosk bei uns unten vor der Tür, auf einer Bank, also drunter. Sie kichert und sagt immer wieder
Ich erkenne mein Gesicht nicht
Ich erkenne mein Gesicht nicht mehr

Ich erkennst du mein ich dich schon fass mich an bitte kannst du bitte mein Gesicht ich habe nicht getrunken ich schwöre dass ist das was du denkst aber ich kannst du mich bitte zu ihm bringen jetzt er kann das wieder heile machen er setzt mich zusammen und alles wird gut

Und ich versuche sie nach Hause zu tragen, und sie tritt mich, tritt mich mit ihren Absätzen und reiht Namen aneinander, der einzige, den ich kannte, war deiner.

EFRAIM Und dann?

NANA Nichts und dann, habe sie ins Bett gelegt, dachte, ich muss sie zu einem Arzt bringen, gleich morgen früh. Warum habe ich das nicht gemacht.

Ich kannte sie damals nicht, ich war gerade eingezogen.

Re

Es ist vier Uhr morgens, es ist so heiß. Mein Körper glüht. Ich habe immer mehr rote Punkte an den Händen, ich glaube, irgendetwas beißt mich in der Nacht. Ich bin verwanzt, es krabbelt in meinen Haaren, die Straße rauscht. Ich öffne die Balkontür, ich öffne alle Fenster, ich stelle mich in den Wind und breite die Arme aus, die Moscheen rufen zum Morgengebet, ich gehe in die Knie und lege meine Stirn auf den kühlen Boden.

Ich kann dich hören, wie du meinen Namen sagst, durch die Fliesen, du sagst ihn drei Mal, und mit jedem Mal hallt es mehr, es zieht dich weg, ich starre auf die Fliesen, eine Wanze fällt aus meinem Mund und läuft über meine Finger Richtung Balkon. Und dann noch eine und noch eine, ich breche einen ganzen Schwarm auf den Boden und lege meinen Kopf in ihn, der Schwarm ist eine wabernde Masse, er trägt mich weg

Festhalten

EFRAIM Siehst du was?

SELLAL Ich weiß nicht, wo hintreten.

EFRAIM Dann musst du fühlen.

SELLAL Was ist das?

EFRAIM Ein Schuh.

SELLAL Ein Schuh?

EFRAIM Ein Achterbahnschuh. Der wirbelt herum, wenn die Achterbahn angeht.

SELLAL Kalt.

EFRAIM Fühlst du das?

SELLAL Noch einer. Die stehen alle still.

EFRAIM Wir reißen so einen raus und stellen ihn dir als Sofa ins Zimmer.

SELLAL Und er dreht sich dann, wenn wir darauf sitzen.

EFRAIM Alles ist wie in diesem Schuh. Du glaubst, es geht irgendwohin, so schnell, dass alles nur Licht und Farben ist, aber in Wirklichkeit drehst du dich nur ganz schnell im Kreis. Dass du die Gesichter neben dir nicht von einem Feuerwerk unterscheiden kannst. Wirklich dein erstes Mal Kirmes?

SELLAL Ja.

EFRAIM Ich habe eine Broschüre gefunden, da wird erklärt, was das hier alles soll: »Darf ich einfach so mitfeiern? Auf jeden Fall! Wir sind ziemlich offen und neugierig Fremden gegenüber.«

SELLAL Warum drucken sie das?

EFRAIM Für Fremde.

SELLAL Für mich.

EFRAIM Für mich auch. Die verteilen hier Anweisungen. Wie man küssen soll. Und ficken. Seit sie Angst haben, dass man ihre blonden Frauen vergewaltigt, drucken sie bunte Broschüren darüber, was eine Frau meint, wenn sie ihre Brüste aus dem Kleid hängen lässt. »Küsschen sind völlig normal.«

SELLAL Du bist nur neidisch.

EFRAIM Worauf?

SELLAL Dass sie das können.

EFRAIM Brüste hängen lassen?

SELLAL Sich freuen.

EFRAIM Ich frage mich, wie das gewesen sein muss bei diesem Silvestergangbang. Zwanzig, fünfzig, fünfhundert Männer treffen sich, betrinken sich und gehen auf Fleischjagd. Warum nicht.

SELLAL Ich weiß nicht, was du meinst.

EFRAIM Ich versuche, mir das vorzustellen.

SELLAL Was?

EFRAIM Was sie im Sinn gehabt haben. Es muss so nach Männerschweiß gerochen haben. Und nach Sperma. Am Bahnhof. Ein Rudel, das ausströmt. Ich wäre gern dabei gewesen.

SELLAL Bei?

EFRAIM Ich hätte es gern gesehen. Das ist auch wie eine Explosion. Boom, und es strömt aus in alle Richtungen, du kannst es nicht mehr aufhalten.

SELLAL Ich gehe jetzt.

EFRAIM Wir kriegen den Schuh nicht los, aber dafür reiße ich die Polsterung raus, und die nehmen wir mit. Dann hast du eine neue Matratze.

SELLAL Ich brauche keine Matratze.

EFRAIM Lass uns Probeliegen.

SELLAL Ich will los.

EFRAIM Warte.

SELLAL Ich mag das hier nicht.

EFRAIM Küsst du mich vorher?

SELLAL Hör auf.

EFRAIM »Küsschen sind völlig normal.« Kriege ich eins? Damit ich lerne mich zu freuen.

SELLAL Nein.

EFRAIM Da steht, Küsschen bedeuten nichts. Du kannst Küsschen verteilen, ohne dafür vergewaltigt zu werden.

SELLAL Ich will nachhause.

EFRAIM Das finde ich sehr schön.

SELLAL Was?

EFRAIM Dass du von zuhause sprichst.

SELLAL Du machst mir Angst.

EFRAIM So, womit?

SELLAL Du machst mir Angst.

EFRAIM Was mache ich denn?

SELLAL Wenn du so schaust, machst du mir Angst.

EFRAIM Quatsch nicht.

SELLAL Wie bitte?

EFRAIM Du kannst ganz schön faseln.

SELLAL Ich kenne das Wort nicht.

EFRAIM Du hast doch eh immer Angst.

SELLAL –

EFRAIM Wie war das eigentlich damals bei der Explosion, sind blutige Fleischstücke um dich herumgeflogen? Hast du gesehen, wie jemandem das Hirn platzt?

SELLAL –

EFRAIM Ist es dir ins Gesicht gespritzt?

SELLAL –

EFRAIM Wo gehst du hin?

SELLAL Efraim, ich gehe jetzt.

EFRAIM Genau. Gehen ist ja dein Ding. Na geh. Mach. Du hast ganz schön Eier, deinen Vater dort allein zu lassen, der krepiert und du gehst einfach.

SELLAL –

EFRAIM Und um ihn herum explodieren Bomben.

SELLAL Lass mich los.
EFRAIM Ich bin nur neidisch.
SELLAL –
EFRAIM Dass du das kannst. Ich hätte auch gerne meinen auf eine Mine gesetzt, und wenn er sich bewegt hätte –
SELLAL Nicht –
EFRAIM Das macht mich total an, dass du so ein Arschloch bist. Wirklich.
SELLAL Lass –

Efraim schlägt Sellal ins Gesicht.

EFRAIM Hast du schöne Erinnerungen?
An deinen Vater?
Es war kalt, daran kann ich mich noch erinnern. Winter.
Ich war zu stolz, diese Lammfellstiefel zu tragen, hatte Sneakers an, trotz des Regens. Ich habe meine Zehen nicht mehr gespürt, als ich vor der Haustür stand. Ich weiß nicht, wie ich nachhause gekommen bin, aber ich habe vor der Tür gestanden und hatte total Angst, dass er mich in dem Zustand sieht, gar keine Lust drauf, so sehr keine Lust drauf, dass meine Augen brannten. Zehn war ich oder so, vielleicht zwölf. Und dann habe ich natürlich auch die Schlüssel verloren oder vergessen, jedenfalls komme ich nicht rein und fluche und beiße mir auf die Unterlippe und muss klingeln. Er macht auf und schaut mich an. Macht auf, schaut und schaut, und da ist nichts Gemeines in seinen Augen, nichts Verurteilendes. Obwohl Mütze weg, obwohl rotgeriebenes Gesicht und Haare in alle Richtungen, Schal halb auf dem Boden. Er zieht mir die Jacke aus, geht vor mir auf die Knie, schnürt mir die Sneakers auf, ich spüre meine Zehen wieder

ein wenig. Er nimmt meine Füße in die Hände und haucht sie an. Das ist mir unangenehm, und gleichzeitig kullern mir Tränen runter, weil ich mir auch unangenehm bin, aber mir ist wieder wärmer, mit jedem Augenblick taue ich mehr auf. Und er schaut mich an, von unten nach oben, sieht, dass ich weine, und hebt seine Ohren an. Wackelt mit den Ohren. Bringt mich zum Lachen. Ich weine und lache und weine vor Lachen, und die Rotze läuft mir über die Lippen. Er hebt mich hoch und bringt mich ins Bad. Die Fußbodenheizung ist an, die Wärme geht durch den ganzen Körper. Er zieht mir Hemd, Hose, Unterwäsche aus. Lässt heißes Wasser laufen, zieht sich auch aus und geht mit mir unter die Dusche. Setzt mich auf seinen Schoß, hält mich fest, ich schlage die Arme um seinen Bauch und er seift mir den Kopf ein und es riecht nach Ringelblumen, ich weiß nicht mehr genau, warum ich so heulen musste, aber ich habe geschluchzt, wahrscheinlich, weil diese Kältestarre aus dem Körper ging, und er hat meinen Kopf gekrault und mich hin und her gewogen. Dies Bild ist wie immer da, egal, was ich mache. Ich kann es manchmal riechen.

Efraim holt seine Zigaretten raus.

EFRAIM Willst du eine?

Zündet sich eine an.

SELLAL –
EFRAIM –
SELLAL –
EFRAIM Ich weiß einfach nicht wohin damit, mit diesem Gefühl, gehalten werden zu wollen und schwach sein zu wollen und meine Wangen geküsst und mein

Kopf gehalten und meine Füße in jemandes Händen, kannst du sie kurz halten, würdest du? Nein? Ich weiß einfach nicht, wohin damit. Bitte.

SELLAL –

EFRAIM Bitte.

SELLAL –

EFRAIM Ich kann für dich auch mit den Ohren wackeln.

Re

Ich habe heute Nacht von dir geträumt, das erste Mal seit damals
Du hast mich angeschrien, ich soll mich konzentrieren
Konzentriere dich
Wer ist auf diesen Fotos
Du kennst sie
Ihn
Wer ist das
Ich weiß es nicht
Ich weiß es nicht
Du hast deine Hand dabei um meine Schultern, deine Finger in meinem Ausschnitt, das Hemd halb offen
An meinen Brüsten, du hast meine Brüste gestreichelt und
Konzentriere dich
Weißt du es
Wer
Ist das
Ich habe deine Hand weggenommen, bin hoch, du hinterher, die Knöpfe meines Hemdes flogen durch das Zimmer, regneten auf mein Gesicht, auf den Boden, in meine Augen, du atmetest in meinen Mund
Ich habe versucht mich zu konzentrieren

Ich dachte, meine Handgelenke brechen
Diese Stadt in mir, die Luft drückt meine Schläfen auseinander
Sie wächst wie ein Luftballon, die bunten Gummifetzen kleben an den Wangen. Ich rieche Seife, ich rieche Ringelblumen, an deinem Hals, in deinen Haaren, ich sehe deine Hände über mir
Die Stadt platzt gleich, ich kann es spüren, sie vibriert unter meinen Füßen, jemand spielt Flöte
Die Dinge zerfliegen in Einzelteile. Aber ich kann dich sehen

Drag

EFRAIM Was ist denn mit dir?

NANA Nichts.

EFRAIM Zigarette?

NANA Es geht mir super. Total Disko Schorle Super Duper Tutii Tam Tam Tam. Yuhuu!

EFRAIM Sprich mit mir.

NANA Ich habe gerade versucht, mein Date zu treffen.

EFRAIM Natürlich.

NANA Soll ich mir alle meine Geschlechtsteile zunähen?

EFRAIM War sie nicht nett zu dir?

NANA Ich dachte noch daran, wie ich ins Zelt ging, das letzte Mal, dass ich auf einer Kirmes war, war mit meiner Ex. Wir haben auf der Wiese da hinten, ich hatte eine Hand in ihrer Hose und habe ihr dabei in die Augen geschaut, und damals war alles so schön, diese ganzen Farben weiß ich noch, ich weiß noch wie sie riecht, dachte ich, ich dachte noch, ich werde sie immer und überall riechen, und gehe also in dieses Bierzelt und rieche sie, und wer sitzt am Tresen?

EFRAIM Sie wollte dich treffen.

NANA Nein, sie konnte nicht wissen, dass ich es bin. Ich habe ein Profil, da weiß man nicht, da würdest du mich auch nicht drauf erkennen. Das mache ich nicht noch einmal, ehrlich sein.

EFRAIM Ich wette, doch. Stand da sowas wie –

NANA Ef, ich brauche das grad nicht.

EFRAIM Hat sie sich beschrieben gehabt, in dem Profil?

NANA Eigentlich, wenn ich jetzt überlege, war sie fast ehrlich, das machen die wenigsten. Vielleicht habe ich sie deswegen nicht erkannt.

EFRAIM Und dann?

NANA Und dann haben wir die ganze Zeit Dinge aneinander abgearbeitet. Wer hat warum wem wie wehgetan, und wer ist die verlogene Schlampe. Der Fall war ziemlich klar – ich. Sie hat mir all diese Sachen über mich in die Visage geschleudert, ich hatte ihre Spucke auf der Oberlippe: Was sagt das über dich, dass du dich als jemand anderes erzählst? Über dein ganzes Leben? Wer willst du eigentlich sein? Wer bist du? Ich sitze vor ihr, bin aufgetakelt wie eine Dragqueen, was soll ich sagen.

EFRAIM Du hast gar nichts gesagt?

NANA Habe Kette geraucht und an meinem Strohhalm gesogen.

EFRAIM Warum sagst du ihr nicht: Seit du weg bist, bin ich eine promiskuitive Sau geworden und trinke wie ein Idiot, und du bist die Frau meines Lebens, lass uns jetzt dringend vögeln gehen, weil ab morgen sitze ich im Knast.

NANA Klar. Das ist genau das, was man sagt in solchen Situationen.

EFRAIM Lügst du immer, wenn du datest?

NANA Ich bin vorher dafür nicht rausgegangen. Ich bin

verrückt rauszugehen, habe ich einmal gemacht, darf dafür jetzt meine Strafe absitzen.

EFRAIM Das hätte so nicht laufen müssen.

NANA Was hättest du denn gemacht, wenn eine die ganze Zeit so tut, als wär sie Jüdin, weil sie geil auf dein Fleisch ist, würdest du nicht eine Live-Beschneidung an ihr machen?

EFRAIM Nein.

NANA Weil du feige bist.

EFRAIM Nein, weil ich nicht weiß, was das heißt, Jude sein. Wie tut man so, als sei man Jude. Manchmal glaube ich, es gibt uns nicht, wir haben uns aufgelöst und es ist egal.

NANA Egal.

EFRAIM Ja, alles ist egal, ist doch alles egal.

NANA Wir sollen jetzt einfach alles vergessen.

EFRAIM Ja. Alles vergessen. Keine Vergangenheitsform. Nicht mal Worte wie Eltern, Großeltern, oder wie lange will man zurückdenken? Dann hat man keine Verstorbenen in der Familie, denen man lange nachtrauert, keine Feinde. Keine Geschichte. Wie viele Kriege hätte es nicht gegeben, wenn nicht irgendein verblödeter Volksstamm sich an dem anderen hätte rächen wollen für irgendeinen Kram, den sie vor 200 Jahren verzapft haben, warum, wozu?

NANA Na, dann gehe ich jetzt mal und vergesse die Schoah.

EFRAIM Okay.

NANA Okay.

EFRAIM Okay.

NANA Ja.

EFRAIM Okay. Vergessen wir den Holocaust. Das Gehirn explodiert doch irgendwann, wenn es nicht vergisst. Vergessen wir die Hereros, die Armenier und werden glücklich. Ja. Dann gibt es keine Rache und vielleicht keinen Hunger und Tod. Weil wir es nicht wüssten, dass es das gibt. Und dieses Land würde es auch nicht geben. Und dich und mich auch nicht, und wir könnten im freien Raum schweben und uns befruchten, wie wir wollen, und weiterziehen. Lose Membranen, die aneinander pappen und keine Spuren hinterlassen.

NANA Ich gehe jetzt zu ihr.

EFRAIM Zu deiner Ex?

NANA Zu der Bräunungscremefrau. Ins Krankenhaus.

EFRAIM Das darfst du nicht.

NANA Na und.

EFRAIM Wenn du da auftauchst und sie stirbt vor Schreck, packen sie noch paar Jahre drauf.

NANA Ich will ihr nichts tun.

EFRAIM Sondern?

NANA Ich will ihr nichts tun.

EFRAIM Außer?

NANA Ich will ihr nichts, ich will sie etwas fragen.

EFRAIM Was, was willst du sie fragen?

NANA Ob sie schwarz ist.

EFRAIM Ob sie was?

NANA Ob sie schwarz ist, kann doch sein, dass ich was nicht weiß, was sie weiß. Beethoven war auch schwarz und man hat es nicht gesehen, und Puschkin und wer auch immer noch in dem Bücherregal da in ihrer tollen Wohnung mit dem Klavier und allem rumsteht. Vielleicht gibt es wen in ihrer Familie.

EFRAIM Nana, was soll das?

NANA Woher weiß sie, dass sie schwarz ist?

EFRAIM Woher weißt du es?

NANA Weiß ich nicht. Weiß ich eben nicht. Du hast doch gerade selber gesagt, du weißt nicht, was das heißt, irgendwas zu sein.

Nach draußen

EFRAIM Was ist passiert?
SELLAL Was?
EFRAIM Lass mich sehen.
SELLAL Nicht anfassen.
EFRAIM Was ist mit deiner Lippe?
SELLAL Nichts.
EFRAIM Was ist das?
SELLAL Habe drauf gebissen.
EFRAIM Tut das weh?
SELLAL Ja.
EFRAIM Warum machst du sowas?
SELLAL Gibst du mir eine Zigarette?
EFRAIM Ich rauche nicht.
SELLAL Ich weiß. Gibst du mir eine?

Er gibt ihr eine.

SELLAL Ich könnte dich anzeigen.
EFRAIM Wie bitte?
SELLAL Du hast doch so große Ohren, hörst du schlecht?
EFRAIM Was?
SELLAL Also ja.
EFRAIM Was ja?
SELLAL Du wolltest doch rein. Ich könnte dich anzeigen. Dann bist du endlich drin.
EFRAIM Wo drin?
SELLAL Weg.
EFRAIM Wo weg?
SELLAL Ja, das ist die Frage.
EFRAIM Ich verstehe nicht, was los ist.
SELLAL Du weißt es wirklich nicht.
EFRAIM Ich weiß was nicht?

SELLAL Mit dir und deinem Vater?
EFRAIM Wie bitte?
SELLAL Mit dir und deinem Vater.
EFRAIM Komm mal her –

Sellal schlägt Efraim.

EFRAIM Bist du übergeschnappt?

Sellal schlägt Efraim, immer wieder.

SELLAL Du vermisst Re sehr, oder?
EFRAIM Re?
SELLAL Du denkst, ich bin sie.
EFRAIM Was ist das jetzt?
SELLAL Hattet ihr ein Verhältnis?
EFRAIM Das ist das seltsamste Wort, das du benutzen kannst.
SELLAL Habt ihr gefickt?
EFRAIM Nein.
SELLAL Denkst du an sie, wenn du mit mir bist?
EFRAIM Nein.
SELLAL Denkst du irgendetwas?
EFRAIM Worüber?
SELLAL Bist du Nichtraucher?
EFRAIM Ja.
SELLAL Was machen die Zigaretten in deiner Jackentasche?
EFRAIM Was soll das?
SELLAL Hattest du was mit Re?
EFRAIM Nein.
SELLAL Hast du sie angefasst?
EFRAIM Jetzt hör auf damit!

SELLAL Willst du mich noch mal schlagen?
EFRAIM Wie noch mal, was meinst du mit – du kannst doch nicht auf mich eindreschen und mir sagen, ich soll dich noch mal schlagen – was redest du da –
SELLAL Was hast du Re angetan?
EFRAIM Nichts.
SELLAL Was hast du mit Re gemacht?
EFRAIM Nichts.
SELLAL Was hast du mit ihr gemacht?
EFRAIM Nichts. Was soll ich mit ihr –
SELLAL Sie hat einen Mann angezeigt.
EFRAIM Einen Mann. Nicht mich.
SELLAL Aber er war es nicht.

– Er hebt mich hoch und trägt mich ins Bad. Die Fußbodenheizung ist an, die Wärme geht durch den ganzen Körper. Er zieht mich aus, zieht sich aus, zieht mich unter das heiße Wasser, setzt mich auf seinen Schoß. Es riecht nach Ringelblumen. Er hält meine Arme fest. Die Kältestarre geht über in eine Hitze, dass ich fast ohnmächtig werde. Alles brennt. Seitdem kann ich keine Ringelblumen, und auch keine – ich habe das so nicht, das ist fast wie ein Film, den ich schaue. Unbeteiligt
– Ich
– Was ich
– Warte
– Sie ist so schwarz, wie jemand nur schwarz sein kann. Sagt sie
– Denkt sie. Ich weiß nicht, was sie denkt
– Ich sitze vor ihr und schaue auf ihre abgerubbelte Haut
– Unter den Bandagen
– Stelle mir ihr Fleisch vor, darunter
– So schlimm sieht sie nicht aus

– Die liegt da auf dem weißen Laken unter einer weißen Decke, ihre schwarze Dauerwelle auf dem Kissen, Augen starr
– Ich weiß nicht, was tun
– Ich sitze einfach nur da und warte
– Dass sie schimpft, weint, schreit, mich rausschmeißt, mich drückt, bis ich ersticke
– Aber sie dreht nur den Kopf zu mir und dann wieder zur Decke
– Und ich schaue. Schaue. Und. Gehe raus auf den Flur, ins Schwesternzimmer, da ist niemand, nur leere Kaffeetassen, Lippenstiftabdrücke an den Rändern. Ich durchsuche die Schränke, suche nach Bandagen, gehe wieder zurück ins Zimmer, lege das dehnbare weiße Gewebe um mich
– Komplett
– Wickele es um mich, wickele mich darin ein
– Alles, was ich bin
– Ein Kokon
– Bandagiere mich zu
– Bandagiere mich zu ihr
– An sie dran
– Ich
– Was ich
– Warte, du
– Du hast mit mir mal diesen Test gemacht, weißt du noch? Diesen Test
– Test
– Ja, diesen Test
– Eine Art Gesprächstherapie. Ich hatte das Gefühl, du willst mit mir reden
– Reden
– Sowas
– Hast Fotos genommen aus meinem Bücherregal, hast

mich immer wieder gefragt, wer ist auf den Fotos, bis ich es dir erzählen konnte

– Und nicht wieder zurückgestellt
– Hast meine Fotos ausgetauscht gegen fremde
– Hast mir Fotos gezeigt
– Von mir
– Meiner Familie
– Wer ist das
– Ich kannte die Leute nicht, die auf den Fotos
– Dann aber schon, ich musste ihre Gesichter lernen
– Ich träume von denen, die ich nicht kenne, ich gehe mit ihnen schlafen
– Wache alleine auf in der Nacht
– Zum ersten Mal das volle Bewusstsein davon, dass niemand jemals retten kommt
– Niemand kommt jemals
– Irgendwer legt den Arm um mich in meinem Bett, den ich nicht kenne
– Die Hand kommt aus dem Nichts, aus dem Dunkeln
– Und schlägt um mich wie eine Schnalle
– Und fest bin ich
– Und du fragst weiter: Wer ist diese Frau
– Und ich – ich weiß es nicht
– Immer wieder, was hast du auf diesem Foto gemacht, warum bist du verweint
– Warum liegst du auf dem Boden
– Weißt du noch, wer hier den Arm um dich legt
– Mein Onkel
– Mein Vater
– Du
– Nein, ich weiß es nicht
– Über Monate
– Hast du gefragt
– Dumme Sachen

– Kleine Sachen
– Immer anders
– Wann bist du das letzte Mal verloren gegangen
– Jetzt
– Wann
– Genau jetzt
– Von innen nach draußen
– Das volle Bewusstsein davon, was passiert ist
– Ich kann dich hören, wie du meinen Namen sagst
– Dass niemand jemals
– Durch die Fliesen
– Hörst du mich
– Verpixelt
– Die Dinge zerfliegen in Einzelteile und kreisen um mich herum
– Planeten
– Alles fühlt sich gleich fremd an
– Ein Mann steht mitten auf dieser Straße, auf dieser Einkaufsstraße, sein Herz pocht
– Irgendwo spielt jemand Flöte
– Auf der, dieser einen Straße
– Das hört der Mann nicht mehr, nicht Menschen, keine Flöte
– Er hört nur sich, sein Herz, kriegt keine Luft
– Er ist zu eng festgeschnallt
– An was
– Festgeschnallt an sich
– Sein Brustkorb flattert
– Er kann nicht atmen
– Hört keine Flöte
– Er kann nicht atmen, aber er kann
– Raus
– Er ist der einzige hier, der das wirklich kann
– Von innen nach draußen

– Ich gehe auf ihn zu
– Geh da nicht hin
– Er kriegt keine Luft
– Geh da nicht
– Er platzt gleich
– Nicht
– Er wird größer und größer
– Wächst an wie ein Luftballon und dann platzt er
– Und dann bunte Gummifetzen
– Die Dinge zerfliegen
– Deine gelben Hände an dem Brustkorb, der pocht
– Ich will hier raus
– Ich will hier raus
– Geh da nicht hin, ich will das nicht
– Ich will raus
– Ich will aussteigen
– Als hättest du schon immer angepackt
– Ich muss hier raus
– Aus dem
– Ich sehe den Mann an
– Lege die Arme um ihn
– Ich will das nicht
– Pschschschschsch
– Halte ihn fest

SASHA MARIANNA SALZMANN
lebt als international gespielte und ausgezeichnete Dramatikerin, Essayistin und Kuratorin in Berlin. Sie ist Mitbegründerin des Kulturmagazins freitext und des performativen Experimentierraums Studio Я. Zusammen mit Maxi Obexer gründete sie 2015 das Neue Institut für Dramatisches Schreiben. Sie ist Hausautorin des Maxim Gorki Theaters in Berlin. Im September 2017 erscheint ihr Debütroman *Außer sich* im Suhrkamp Verlag.

Theaterstücke im Verlag der Autoren: *Weißbrotmusik*. UA: bat-Studiotheater, Berlin, 25.9.2010. R: Nick Hartnagel. *Satt*. UA: Bayerisches Staatsschauspiel, München, 6.3.2011. R: Stefanie Bauerochse. *Beg your pardon*. UA: Ballhaus Naunynstraße, Berlin, 25.4.2012. R: Hakan Savaş Mican. *Muttermale Fenster blau*. UA: Badisches Staatstheater Karlsruhe/Ruhrfestspiele Recklinghausen, 20.5.2012. R: Carina Riedl. *Muttersprache Mameloschn*. UA: Deutsches Theater Berlin, 9.9.2012. R: Brit Bartkoviak. *Fahrräder könnten eine Rolle spielen* (zusammen mit Deniz Utlu). UA: Ballhaus Naunynstraße, Berlin, 23.11.2012. R: Lukas Langhoff. *Schwimmen lernen*. UA: Heidelberger Theater, 1.3.2013. R: Paul-Georg Dittrich. *Kasimir und Karoline (frei nach Horváth)*. UA: Düsseldorfer Schauspielhaus, Düsseldorf, 18.05.2013. R: Nurkan Erpulat. *Hurenkinder Schusterjungen (Mein Kopf ist ein offener Koffer aus dem Gott Vater Staat herausfällt aber nicht zerbricht weil er so zäh ist wie Gummi)*. UA: Nationaltheater Mannheim, 5.1.2014. R: Tarik Goetzke. *Wir Zöpfe*. UA: Maxim Gorki Theater Berlin, 13.12.2014. R: Babett Grube. *Meteoriten*. UA: Maxim Gorki Theater Berlin, 16.4.2016. R: Hakan Savaş Mican. *Die Aristokraten*. UA: Staatstheater Hannover, 20.10.2016. R: Paulina

Neukampf. *Ich, ein Anfang.* UA: Schauspiel Frankfurt, 10.2.2017. R: Bernadette Sonnenbichler. *Verstehen Sie den Dschihadismus in acht Schritten! (Zucken).* UA: Maxim Gorki Theater, Berlin, 17.3.2017/Junges Theater Basel, 24.3.2017. R: Sebastian Nübling.

Bücher im Verlag der Autoren:
Weißbrotmusik/Satt (2011)
Muttersprache Mameloschn/Schwimmen lernen (2013)
Meteoriten. Drei Stücke (2016)

Auszeichnungen:
2009: exil-DramatikerInnenpreis der Wiener Wortstätten für *Weißbrotmusik*
2012: Kleist-Förderpreis für junge Dramatiker für *Muttermale Fenster Blau*, Stipendium der Kulturakademie Tarabya (Türkei) sowie IKARUS 2012 für *Weißbrotmusik*
2013: Publikumspreis der Mülheimer Theatertage für *Muttersprache Mameloschn*